A QUARTA CRUZ

Lourdes Carolina Gagete

A QUARTA CRUZ

Lourdes Carolina Gagete

A Quarta Cruz
Copyright by Lourdes Carolina Gagete

Mundo Maior Editora
Fundação Espírita André Luiz

Diretoria Editorial: Onofre Astinfero Baptista
Editor: Antonio Ribeiro Guimarães
Assistente Editorial: Marta Moro
Capa: Helen Winkler
Diagramação: Francisca Ferreira

Rua São Gabriel, 364 – térreo
Guarulhos/SP – CEP 07056-090
Tel.: (11) 4964-4700

www.mundomaior.com.br
e-mail: editorial@editoramundomaior.com.br

Dados Internacionais de Catalogação na Publicação (CIP)
(Câmara Brasileira do Livro, SP, Brasil)

Gagete, Lourdes Carolina
   A quarta cruz / Lourdes Carolina Gagete. --
São Paulo : Mundo Maior Editora, 2014.

   Bibliografia.

   1. Espiritismo 2. Romance espírita I. Título.

14-01833   CDD-133.93

Índices para catálogo sistemático:
1. Romances espíritas : Espiritismo   133.93

A reprodução parcial ou total desta obra, por qualquer meio, somente será permitida
com a autorização por escrito da Editora (Lei nº 9.610 de 19.2.1998).

"(...) nas linhas da civilização, sob
os signos da cultura, observamos que,
na retaguarda do transformismo, o
reflexo precede o instinto, tanto quanto o
instinto precede a atividade refletida, que
é a base da inteligência nos depósitos do
conhecimento adquirido por recapitulação
e transmissão incessantes, nos milhares
de milênios em que o princípio espiritual
atravessa (...)."

Evolução em Dois Mundos, de André Luiz,
na psicografia de Francisco Cândido Xavier.

Sumário

Capítulos

I – O chamamento 15

II – Reminiscências 21

III – Cansado, meu novo amigo 33

IV – Estive com Ele no Sermão da Montanha 45

V – O retorno de Cansado 53

VI – Folha seca ao vento 95

VII – Muito tarde compreendi que Ele é o caminho. 103

VIII – Ninguém caminha só 109

IX – De volta aos pés da quarta cruz 115

X – Crucificado por amar Rebeca 125

XI – Recuperando um pouco do passado 141

XII – Onde Jesus passou Sua infância 147

XIII – David, o anjo esclarecedor 151

XIV – A família de David 163

XV – Menino Jesus, uma criança sensível 187

XVI – Jonas, um Espírito destoante 201

XVII – Por que Jonas me foi antipático 205

XVIII – Jonas e Rebeca 209

Nota da autora

Partindo do princípio de que somos criaturas dotadas de um corpo orgânico mortal e de outro espiritual imortal, nossa vida não sofre solução de continuidade com as frequentes existências na nossa eterna vida. Tais existências encaixadas no processo de viver, de evoluir, são necessárias a nós a fim de que conquistemos sabedoria e possamos um dia ser cocriadores na obra divina.

Embora a criação seja um dos mistérios de Deus, chega-nos hoje a informação relevante de que um dia fomos projetados no espaço cósmico pelo Criador, quais fagulhas divinas, em um ato totalmente espiritual. Tais fagulhas, também chamadas mônadas luminosas (o ser humano em potencial), espraiaram-se pelo Universo com a finalidade de evoluir e voltar ao seio do Criador como seres inteligentes e individualizados. O Espiritismo, doutrina evolucionista que é, fala à nossa inteligência e nos mostra a coerência dessa possibilidade.

No primeiro movimento, o involutivo, a mônada celeste não tem nenhuma consciência de si mesma. Nenhum psiquismo desenvolvido. É pura essência divina; energia condensada; semente na qual o ser humano do futuro, ou seja, nós, estamos contidos.

Desde sua saída da mente divina, a mônada, ao longo dos milênios, vem se transformando, pois a evolução constitui-se lei do planeta, e tudo se transforma ao toque do Divino Regente.

Estagiando em grupo, durante milênios, nos diversos reinos da Natureza, desenvolvendo suas potencialidades, tais fagulhas celestes são sempre monitoradas por diretores siderais, os cocriadores a serviço da evolução.

Ao final desse movimento involutivo, no qual essa chama divina se foi envolvendo em matéria cada vez mais condensada, mantendo, todavia, a pureza original, inicia-se o movimento oposto: o da evolução. E ela, que desceu inconsciente, agrupada, totalmente passiva e guiada pelos assessores celestes, vai, nesse movimento inverso, individualizando-se, conscientizando-se, transformando-se. Assim, ao longo dos milênios, essa mônada luminosa que um dia foi projetada pelo pensamento criador de Deus, evoluiu para um ser inteligente e personalizado. Aí está o Espírito incipiente que começa seu aprendizado; seu longo trajeto de volta ao Pai-Criador.

Ensaiamos as primeiras existências em planetas mais condizentes com nossa condição espiritual; nossa primariedade. Para lá fomos remetidos magneticamente, obedecendo à lógica da justiça e sabedoria de Deus. *"Há muitas moradas na Casa de meu Pai."*

Séculos chegam e passam. Milênios se vão... E já caminhamos para o alto como consciências plenas que buscam a religação com sua origem; com seu Criador. Cada conquista, como cada queda, ficam registradas, cada qual com as suas consequências, a fim de que saibamos escolher as atitudes futuras que nos convém.

Do exposto, fomos buscar alhures, uma das existências de Salvatore, um romano que viveu à época de Jesus, o Cristo de Deus.

É bem verdade que tudo aquilo que fizermos de bom ou ruim fica gravado nos registros akásicos, no éter cósmico, e será testemunha inquestionável da nossa vitória ou derrota. Quando necessário poderão ser revistos, todavia, aqui, a história é contada em tempo presente pelas lembranças do personagem Salvatore.

Não só os registros espirituais têm informações a nosso respeito, mas também no nosso corpo perispirítico ficam impressas ascensões e quedas; a luz já conquistada e as trevas ainda por vencer.

De todas as reencarnações de Salvatore é a que agora narraremos a que o marcou para sempre, razão pela qual jamais a esqueceu. Quem quer que teve seu caminho cruzado ao de Jesus jamais continuou o mesmo.

Assim, chegou até mim, pelas vias sutis da inspiração, mais este romance. Esperamos que ele encontre ressonância na sensibilidade dos leitores. Não tencionamos historiar mais uma vez a vida de Jesus, pois que já existem informações suficientes sobre ela. Este romance resgata, ratifico, uma das existências de Salvatore, o romano que teve o privilégio de caminhar muitas vezes ao lado Daquele que foi o maior expoente do Amor na Terra. Infelizmente, Salvatore não se deu conta da grandiosidade e importância de tal momento.

Na verdade, a quarta cruz poderia ter sido a minha, a sua, a de qualquer um; imaginária, real ou simbólica.

Capítulo I

O chamamento

*"Vinde a mim todos vós, que estais
cansados e oprimidos..."*
(Evangelho de Jesus – Mateus, 11:28)

Sinto-me, agora, repleto de novas energias. Fortalecido. Estive parado durante algum tempo no sopé de grande montanha. Confuso e sem norte. Vislumbrava seu pico envolto em esgarçadas nuvens e pensava que jamais poderia chegar até lá. Muitos foram os convites, todavia, fiz-me surdo.

Muitos compartilham comigo o desejo de avançar, mas as dúvidas, os medos e principalmente a falta de fé mantinham-nos inertes. O céu nos esperava em algum lugar; era tarefa nossa encontrá-lo. O chamamento persistia incansável.

Mas... ai de mim... Antes de iniciar a subida já me sentia desalentado; derrotado. A lassidão da alma recém-liberta paralisava minha vontade. Olhava os companheiros de jornada. Todos tinham seus motivos para se quedarem ali, desanimados pela árdua tarefa de subir... subir... subir...

Quanto tempo fiquei ali como o aleijado que perde suas muletas e não pode caminhar? Como a criança que quer dar seus primeiros passos, mas tem medo de cair? Até que um dia olhei ao meu redor e vi que estava sozinho. Meus companheiros de jornada, meus amigos e conhecidos, haviam atendido ao chamamento e partido. Eu estava irremediavelmente só. Incompreendido. Abandonado. Chorando minha dor. Assim acontece com quem fica parado.

Então, infeliz, supliquei a Deus. Era um filho Dele e tinha o direito de ser feliz. Assim, um anjo bom apareceu e disse-me: "Salvatore, não quer acompanhar seus amigos? Seus entes queridos? Ficará sozinho neste lugar cultuando sua dor? Até quando?"

Vali-me daquele ombro amigo. Enfadei o anjo bom com minhas perguntas. Minhas queixas. Minhas desilusões. Era a criancinha pedindo o colo da mãe... Querendo afagos...

Pacientemente, ele me ouviu. Trazia no peito o símbolo da Fraternidade Universal de Jesus e, a exemplo deste, foi o caldo quente em estômago faminto. Após ouvir minhas infundadas queixas:

— Você sabe que ninguém está só. Sabe, ao contrário de muitos, que acaba de se findar para você mais uma existência. Agora resta fazer um balanço dos prós e dos contras. Verificar o que teve prevalência no seu viver; se o Bem, se o mal ou se a indiferença. Agora é a hora da verdade. Não... não encontrará nenhum tribunal com seus juízes acusadores. Você é seu juiz. Sua consciência lhe dirá do seu desempenho. Tudo que daí resultar não será castigo nem prêmio, mas consequência lógica. Natural. Coerente. Causa e efeito.

— Compreendo que assim deva ser. Somos responsáveis pelas decisões que tomamos e não nos podemos queixar de ninguém senão de nós mesmos.

— Perfeitamente.

A lógica da argumentação era indiscutível. Mesmo assim continuei deprimido. Sofrendo. Inquietação incomodativa não permitia que eu tivesse discernimento sobre minha real situação. A pequenina chama bruxuleava quase se apagando pelo vendaval das minhas desilusões.

Cenas desconcertantes iam e vinham como dançarinos macabros. Intolerantes. Mas eu sentia que nem tudo era negro dentro de mim; que minha chama divina lutava para alumiar meu caminho. Era o "eu" espiritual lutando com o "eu" material. Para onde penderia a balança da vida?

— Você, realmente, não tem motivo para estar triste. Olhe para você. Que vê? — disse-me o anjo.

Olhei-me. E vi que o anjo tinha razão. Não estava tão mal. Senti até que tênue claridade, vez ou outra, bruxuleava em meu peito. Se não constatava grande progresso espiritual na existência que se findara, também nenhum grande comprometimento me maculava. Não que eu me lembrasse.

E dentro de mim o chamamento prosseguia: *"Vinde a mim todos vós, que estais cansados e oprimidos..."*. Mas era como se me chamassem para um lugar que eu ainda não estava pronto para ocupar; aonde não poderia adentrar. Não naquele momento. Era um convidado, mas ainda desnudo da "veste nupcial".

Olhei-me novamente e percebi que eu era um estranho dentro de mim mesmo. Não estava de posse do meu eu profundo. Somente lembranças entrecortadas. Esparsas. Fragmentos que tornavam meu cérebro um labirinto de fiapos de memória. E eu prosseguia alimentando compaixão por mim mesmo.

— Cansou-se na metade do caminho, amigo? Vamos! Não deixe amortecer essa luz conseguida por mercê do Cristo Jesus. Lembra-se? — O bom anjo tentava me reerguer.

Do Cristo Jesus... dissera ele? A essa referência, alguma coisa sacudiu minha mente. Sim... Jesus. Há quanto tempo palmilhei com Ele? Parecia a mim que fora há muitos milênios... Mas não! Foi "ontem" que mergulhei a alma no paul dos sofrimentos. Jesus... Como pude esquecer? — perguntei ao anjo.

— Não houve esquecimento algum. Você só está confuso. Mas é muito natural nas desencarnações recentes. A alma, muito tempo encarcerada, demora um pouco a voltar à normalidade.

— Talvez eu precise retroagir àquele tempo para poder subir sem esmorecer. Na verdade, gostaria de poder viver tudo novamente... para deixar meu testemunho a quem possa interessar. Devo isso a Ele, agora sei. Esta montanha... não sou digno de subi-la enquanto não fizer alguma coisa pelo Rabi da Galileia.

— Isso é possível. E não faz tanto tempo assim. Sua memória está fragilizada, mas eu posso ajudar nas suas reminiscências. Quer tentar?

— Ser-me-á possível reviver aqueles fatos? Fazer o meu depoimento? Bem sei que muitos, além de mim, terão verdades a narrar sobre as consequências que advieram da convivência com Jesus; ou em como Seus ensinos mudaram suas vidas. Ahn... soubesse eu naquele tempo o que a vinda Dele significava... O quanto poderia ter-me beneficiado com Sua presença... Mas eu, pobre ignorante! Vi a luz e permaneci na escuridão! Perto do alimento morri de fome...

— Sim, mas não adianta ficar parado lamentando-se pelo tempo perdido. O instante perdido jamais volta. Urge que nos transformemos para o Bem. Muitos sabem disso inconscientemente, mas perdem tempo em divagações. Têm preguiça de recomeçar, pois sabem que terão de deixar seus equivocados valores para trás. Prossiga, Salvatore, enquanto ainda há tempo, pois a Terra já adentrou uma nova fase. O tempo passa célere, e a evolução não para, meu amigo. Somente daqui a milênios será mais amplamente reconhecido e valorizado o que o Divino Crucificado representou. E para os transviados, para aqueles que se fizerem surdos aos ensinamentos Dele, somente a dor e a desilusão a esperá-los.

— Talvez eu seja um desses. Quero, portanto, fazer alguma coisa.

— Seu desejo é justo e estou aqui para ajudar. Iniciemos sem mais tardança. Mude o rumo dos seus pensamentos e encare a vida de forma mais otimista.

Pensei naquele Rabi galileu que tanto alvoroço me trazia. Na recente finda existência terrena não pudera compreendê-Lo, se bem nutrisse por Ele admiração. Minha alma dormia, ainda, relutando em deixar as ilusões terrenas pela realidade espiritual. A vida material tem suas exigências, mas nada irresistível, bem sei. É justamente o saber diferenciar o que é justo e sábio daquilo que é ilusão passageira. A conquista da felicidade, a decepção e o sofrimento são as companhias que voluntariamente chamamos.

— Acha mesmo que voltar sobre meus próprios passos é o melhor a fazer? — perguntei ao anjo.

— Creio que é um caminho. Dependerá apenas de você mesmo aproveitar as lições. Recorde sempre a lição de Jesus sobre o dar pérolas aos porcos.
Compreendi a profundidade da afirmativa.

Capítulo II

Reminiscências

"Pai, perdoai-os; eles não sabem o que fazem."
(Evangelho de Jesus – Lucas, 23:34)

Jerusalém. Estou aos pés de tosca cruz. Há outras espalhadas pela superfície do morro. O anjo segue comigo para avivar minha memória, mas não o vejo distintamente. Não sei se sonho ou se realmente consigo enxergar a cruz do Cristo Jesus, que continua brilhando como se feita de sol.

O Morro das Caveiras[1] está decalcado em minha mente. Vejo parentes e amigos carregando o corpo sem vida do Eterno Mestre. Apressados. Feições contraídas pela indignação. Eu sou um espectador passivo. José de Arimateia e outros amigos influentes Dele vão falar com Pôncio Pilatos. Querem uma ordem para levar o corpo e dar-Lhe sepultura digna. Vejo, com detalhes, o grupo quase correndo... descendo o morro... o sol esmaecendo... Sua mãe, amparada por amigos, quase desfalecendo. Não quer acreditar que o filho querido esteja para sempre longe do seu calor materno. Ainda lembrava as palavras que dissera ao arcanjo anunciador: *"Seja feita na escrava a vontade do Senhor"*. Mas será que aquele Pai bondoso, que eu aprendera a conhecer melhor por intermédio do Seu primogênito, quereria mesmo tal destino cruento ao filho missionário?

---

[1] O Gólgota era também assim conhecido. (N.A)

O coração de Maria se estilhaça na dor inenarrável. E eu a sinto como uma gota d'água arrojada ao léu; uma gota d'água retirada do oceano e que se evapora aos poucos... Incrédula... Sofrida...

A outra Mírian, a de Magdala, também chamada de "a perfumista", tem a aparência de alguém que perdeu tudo o que possuía de mais sagrado; alguém cuja alma vai-se esfiapando até perder a consciência de si mesma. Essa mulher renascera ao conhecer o Rabi. Expulsara a turbamulta de espíritos inferiores que a atormentava. Aprendera, ao lado daquele Jesus que sacrificara Sua vida para trazer a mensagem do amor, da renúncia e do perdão à Humanidade, que só o amor fraterno pela civilização toda, salvaria as almas errantes e as conduziria novamente ao seio do Criador.

Agora tudo desaparece. Fecha-se a cortina. O primeiro ato daquela história passada é trazido ao presente e mais uma vez encerrado. Somente lembranças me levam ao pretérito. Vejo-me olhando demoradamente aquela cruz, agora no chão, colorida pelo sangue de um justo... Quase posso tocá-la... Vejo-a sempre durante meus dias, porque tal imagem ficou gravada para sempre em mim.

Não poderia imaginar, naquela ocasião, que muito em breve também eu haveria de experimentar a dor da crucificação. Mas sou um pecador...

Volto a Roma daqueles tempos de conquistas e devassidão. Ela tudo faz para ostentar o ilimitado poder dos seus césares. São, estes, como deuses a selar destinos. Não há limites para suas arbitrariedades; para suas insanidades. O César que se insinua na minha retina espiritual não é dos mais déspotas, mas nada faz em benefício dos oprimidos.

Não tenho consciência do dia exato em que fui crucificado, no entanto ainda ouço gritos de acusações. Deboches. Bocas em rictos de ódio a escarnecerem da minha dor.

Quantos dias estive a padecer os cruéis martírios não sei dizer. Às vezes me parece que foram meses... anos... O tempo na erraticidade é diferente.

Contemplo o Céu. Pergunto-me aonde andará Deus. Depois lembro-me de que não posso acusá-Lo. Quantas vezes Ele tentou me tirar do caminho espinhoso do erro? Quantas vezes, dentro de minha consciência, o anjo bom me sussurrava, exortando-me a mudar meu rumo... falando-me que o Pai Criador já mandara Seu filho dileto ao mundo para ajudar nosso crescimento moral-espiritual? E eu sempre me fiz de surdo... de cego. O meu orgulho de raça era uma arma apontada para mim mesmo e, cedo ou tarde, me acertaria.

Quero falar com aquela presença, agora completamente invisível, que me segue, mas está além de minhas possibilidades. Será quando ela achar necessário e não quando eu desejar. Apassivo-me. Curvo-me diante das recordações, porque é isso que tenho de fazer, agora.

Quando ainda encarnado, caminhei lado a lado com esse filho de Deus, mas, na minha cegueira, julguei-O um idealista, um sonhador fanático e até ingênuo. Como poderia eu, um filho da orgulhosa Roma, esquecer as fabulosas conquistas do seu poderio bélico? Os templos com seus deuses voluntariosos, e me voltar para um Deus que ninguém via? Um Deus sem rosto? Um Deus que pregava a humildade, o perdão, o amor entre todas as nações? A tudo isso eu ria. Loucos, todos eles — afirmava.

Durante muito tempo fui a sombra daquele Rabi. Como espião de César para verificar se Seu império não corria nenhum perigo com as insólitas pregações. Depois, como espião do tribunal judaico, prestando serviço ao sumo sacerdote e aos seus asseclas. Não só por dinheiro, mas por orgulho de raça; por ruindade espiritual.

Como poderia ter progredido! Agora sei. Entretanto, era tão difícil mudar os conceitos arraigados... viver a vida dignamente... lutar contra as más tendências e as ilusões que nos assaltam no caminho. Mas, apesar da confusão que ainda reina dentro de mim, compreendo que nada, ainda, está definitivamente perdido. Agora estou exaurido. Confuso. Ainda e sempre, triste. Todavia, haverá sempre o amanhã em que mágoas não terão acesso.

Chamo-me Salvatore Felicce. Tenho consciência de que não pertenço mais ao mundo dos ditos vivos, embora sinta pulsar em mim todas as vibrações da vida. Sinto-me, agora, muito mais vivo do que antes; meus sentidos se expandiram; consigo ver e sentir em uma amplitude dantes desconhecida. Mas nem sempre é assim.

A escuridão não afeta meus sentidos; já não careço de órgãos visuais específicos para ver. E vejo! Raramente tenho fome, embora todo o meu ser palpite pelo alimento espiritual.

O frio, o calor, a fome, a sede, a dor física... controlo-os quase sempre, porém, quando penso neles volto a sofrer. Depois, uma voz distante me lembra que tais necessidades são materiais; que agora me despi do escafandro carnal. Todavia, a pior das dores é a do remorso. É saber que nada fiz em favor de mim mesmo enquanto encarnado. Sempre achava que havia muito tempo para começar a pensar nas necessidades do Espírito, mas a desencarnação chegou enquanto eu postergava tais necessidades. Quando encarnados corremos atrás de quimeras.

Lembranças ainda... Elas se materializam diante de mim. Tomam-me de assalto a consciência. Serão reais? Serão, talvez, frutos de alguma loucura que me tomou o cérebro? Estará o anjo bom por trás de tudo isso?

Nada posso afirmar com precisão. São como contas de um mesmo colar, mas distintas umas das outras. Existências que começaram no berço e terminaram no túmulo. Terminaram? Aquele amontoado de células materiais sim... mas o Espírito, esse, despertou para a realidade da vida.

Dirijo-me mais uma vez ao Gólgota e mais uma vez contemplo a cruz na qual tanto padeci. Meu Deus! Meu corpo ainda está lá! Inerte. Contorcido. Medonho... Não pode ser real, mas uma ideoplastia que se fixou em minha mente.

Quedo-me nauseado ao ver filetes do meu sangue ressequido e escurecido que, qual pintura lúgubre de algum artista ensandecido, tinge o corpo que já foi meu e que revejo em decalque quase real. Também a madeira grosseira e a terra ao redor receberam a cota do meu sangue.

Exalações fétidas ferem-me o olfato espiritual, mas não posso arredar-me. Fugir. Fugir, principalmente, de mim mesmo. Alterno momentos de lucidez com outros de total demência. É como um cair... cair... sem nunca chegar ao fundo. É uma dor fina que persiste malgrado minhas constantes rogativas.

Jerusalém foi a última cidade que me viu na personalidade de uma criatura indecisa. Frágil. Insegura. Incapaz de ousar quebrar tabus; que achava muito mais fácil se acomodar aos costumes vigentes do que sair da inércia e buscar novos horizontes. Além dos adjetivos descritos, reconheço que o orgulho tolo de raça falava muito alto em mim e contribuiu para minha perdição espiritual. Pobre animálculo que julgou ser uma águia poderosa!

Não raro, esqueço-me de que já fiz a viagem de regresso ao mundo espiritual. Durmo sem perceber e acordo na mesma desorientação. O tempo não significa nada para mim. Só lembro bem que por ora não posso partir; que tenho algo a fazer antes de poder repousar das canseiras recentemente vividas. Também sei que alguém me protege, mas esse alguém raramente interfere. Segue-me como um amigo. É o anjo bom que me apresentou a mim mesmo.

Nos meus últimos momentos, recorri ao Rabi da Galileia mesmo me lembrando da afirmação corrente que eu próprio muitas vezes repetira fazendo coro com outros imbecis: "Nada de bom poderá vir da Galileia". Os antissemitas e até muitos judeus riam ao dizer isso. Mas muitos diziam que Ele era o Messias esperado do povo judeu. Alguns tinham medo de confessar publicamente; outros, ainda por orgulho, achavam-no modesto demais: "Ele não é o filho do carpinteiro José?"

A gentalha inculta sentia-se orgulhosa da riqueza dos deuses romanos. Temiam e admiravam o poder (poder?!) de tais deuses frios e indiferentes. Apreciavam as festas no circo, regadas a sangue; oferecido pelo "glorioso" César, e onde a vida humana valia menos do que a mosca que pousava na ferida dos hansenianos que por ali se multiplicavam. Ah... Como os poderes mundanos afetam a alma despreparada e infantil! E que lavoura de dores semeia a si mesma.

A dor...

Muitas vezes pensei que ela fosse um castigo de Deus. Depois, o anjo bom que sempre me orienta disse que ela não foi criada pelo Pai Eterno; que existe em função de nossa própria pequenez espiritual. A dor expiatória não é nenhum sentimento vingativo da parte de Deus-Pai, mas, sim, fator regenerativo das desarmonias mais profundas e visa a restaurar o equilíbrio energético que foi perturbado pela vivência no mal. Nós é que a forjamos. Deus a permite porque ela, apesar de desagradável, tem sua função benéfica. É como a cirurgia dolorida, mas que extirpa o tumor cancerígeno. É o cutelo que nos faz voltar ao bom caminho. O mundo é regido por leis naturais. Respostas a pensamentos e atos já estão nelas implícitas. Reações positivas ou negativas conforme o caminho seguido. Muito mais me ensinou o anjo, mas agora minha mente se turva novamente.

Pude comprovar por mim mesmo que na hora da dor tornamo-nos mais sensíveis; mais crédulos... mais humanos. E eu, acicatado por ela, fui procurar o Rabi Jesus. Eu, que O espionava para entregá-Lo às autoridades. Eu, que ria Dele; que O achava ingênuo em se colocar contra o poder de Roma e o do Templo judaico. Ele é ótimo argumentador, dizia a mim mesmo. Se souber trabalhar do lado certo terá muito sucesso.

E qual para mim, uma mente obtusa, era o lado certo? Claro, não via outro lado que não o do poder, da riqueza, da autoridade...

Então, no dia em que a dor me visitou a alma, desisti de espioná-Lo. Sofria. Buscava uma solução para minhas angústias. Mas meu orgulho obstou meu desejo de Lhe falar... Fiquei de longe a observá-Lo com meus pensamentos desencontrados.

O dia estava se findando e eu me sentia ainda perdido. Estava como que hipnotizado olhando-O e me assombrei com o que vi. O sol às Suas costas deixava a Natureza prenhe de luz. E Ele parecia um gigante que jamais se cansava. Sua voz ecoava pelos confins do mundo, como trombetas a convocar exércitos. Mas o exército que ali se reunia... ah, meu Deus! Homens deformados pela hanseníase, sujos, famintos... Mulheres desgrenhadas carregando nos braços esquálidos filhos... anciãos que mal se sustinham nas próprias pernas... curiosos que cochichavam entre si. Os mais inusitados pedidos eram feitos com voz chorosa àquele Rabi.

E Ele parecia não ver ali senão filhos bem amados a quem devia aliviar. E os que Dele se aproximavam sentiam a irradiação divina que lhes inundava a alma de paz. Mergulhavam em uma felicidade jamais vivida. Então choravam. Agradeciam com gestos espalhafatosos. *"Hosana! Hosana! Glória a Deus!"* Mas, passada a primeira emoção, de volta ao cotidiano, lá estavam esses "convertidos" cultuando os mesmos defeitos... discutindo... blasfemando... tentando roubar seu semelhante se oportunidade surgisse.

Hoje sei que o Rabi não ignorava nada disso. Fazia Ele a Sua parte; justificava Sua vinda entre nós outros, os réprobos. Sabia que a semente lançada na cova escura demorar-se-ia a germinar. A terra árida dos corações levaria tempo para lhe propiciar condições de nascimento. E nem o povo falto de inteligência O fazia desistir. Algumas vezes parecia tão exaurido que eu receava fosse desmaiar. Nos fins daquelas reuniões com o povo doente e sofrido, sentia-O esgotado, porém, bastavam alguns segundos de meditação e prece, do carinho e respeito de Seus discípulos, para que retornasse ao Seu estado normal. E Seu estado normal era o de distribuidor de amor e paz. Assim, ignorava Suas necessidades e pensava somente nas necessidades daquele povo sofrido, mas quase sempre aproveitador.

Uma vez nossos olhares se cruzaram. Eu fiquei paralisado. Que olhar ensolarado! Que porte majestoso! Senti que energias vigorosas me sacudiram. Tremi. E pensei: Este é realmente o Messias! Benditos são os meus olhos que O puderam contemplar! Bendita a Galileia, que O viu crescer. Bendita Maria de Nazaré, que O concebeu.

Orgulho.

Incertezas.

Ilusões.

Mas ai de mim. Minha boca se recusou a Lhe pedir ajuda. Fiquei ali, parado, buscando respostas dentro de mim mesmo. Mas não havia respostas. Minha personalidade era formada de falsos valores, e só o tempo no seu eterno caminhar poderia me mostrar.

A "árvore" estava bem próxima de mim. Sua sombra acolhedora seria um bálsamo a refrigerar minhas chagas ardentes. E eu, que poderia ter saboreado seus frutos e refrigerado a alma ressequida, quedei-me ali, indeciso e tolo.

Não tive, porém, muito tempo para decidir de qual lado ficar. Mal o encontro e Ele já termina Sua missão. Cumpriu-a com louvor. Legou ao mundo Seu exemplo de amor, perdão, caridade e confiança no Criador. Competia à Humanidade carente de valores espirituais seguir Seus ensinamentos e principalmente Seus exemplos.

As lembranças continuam fluindo em cascatas. Mas são impiedosas; zombam de mim; dizem-me que os mistérios da mente hão de me confundir o Espírito combalido. Advertido, agarro-me a elas; prendo-as com determinação; impeço — por quanto tempo? — que brinquem de esconde-esconde comigo.

Quero falar com o anjo que me assiste. Novamente minha cabeça é invadida por denso nevoeiro. Será que existe mesmo esse anjo? Às vezes a dúvida me confunde. Distraí-me e as lembranças fugiram zombando de mim, deixando-me a sensação de um livro em branco.

Tudo o que consigo reter é a imagem da quarta cruz. Esta ficou enroscada nos neurônios espirituais e não conseguiu fugir com as demais lembranças.

A inquietação persiste. O que, afinal, tenho de lembrar? Pressinto que seja algo aterrador, por isso ando em círculo e paradoxalmente busco-a e fujo dela. O que seria? Uma dor? Uma decepção? Um amor perdido para sempre? O livro das lembranças me mostra páginas em branco. Irritantemente em branco. Mas não desisto. Esforço-me. E quando a porta da alma vai se abrindo para dar passagem às reminiscências; quando as palavras começam a formar sentido, alguma coisa se desliga dentro de mim e meu cérebro se me apresenta cheio de nada; de páginas virgens. Todavia, sou obstinado. Insisto. Algumas garatujas desvirginam o branco das páginas e, se não me dão o que busco, me remetem ao passado recente.

Sondo todo o morro. Figuras sinistras correm e choram. Gritam. Blasfemam contra tudo. É um mar de loucura onde as ondas se quebram com violência. Sou ator. Sou plateia. Sou riso. Sou lágrima.

Da quarta cruz passo a vislumbrar a cruz do Rabi Galileu. Em vez do sangue apodrecido vejo no Seu madeiro luz. Muita luz! E há um túnel resplandecente que a liga ao Céu. Está impressa em mim com tinta irremovível. É como um sonho que se materializou; como um testemunho histórico da minha insanidade. Da insanidade humana.

Um vento forte começa a soprar. O Céu vai se fechando. A escuridão vai tomando conta de tudo. A fraqueza... O eco deturpando as palavras por si mesmas já confusas. Perco aos poucos a noção de mim mesmo. Estou vivo e morto.

Capítulo III

Cansado, meu novo amigo

Coroa de espinhos...
Pingentes de lágrimas.

De repente, vislumbrei a coroa do Cristo Jesus, porém, não era feita de espinhos pontiagudos, mas de pingentes reluzentes de lágrimas. Tomei-a em minhas mãos... Então... os pingentes se transformaram novamente em espinhos. Vi o sangue escorrer por entre os meus dedos. Mas não senti dor alguma. Somente uma sensação de nostalgia, saudade, inquietação...

Depois, novamente os espinhos voltaram a se transformar em lágrimas. E a coroa, como se tivesse vida própria, foi pousar em outras mãos. A mesma metamorfose ocorreu com todos aqueles réprobos que ali gemiam, desesperançados. Os espinhos, com o Cristo, não feriam. Eram pingentes de lágrimas. Lágrimas de ontem; de hoje; de amanhã. Lágrimas ainda não choradas e que redimiam.

Finalmente, o Céu se fechou de todo e a única luz que pude ver foi a das lágrimas cristalinas da singular coroa. Rodopiou por instantes sobre nossas cabeças atormentadas e desapareceu na imensidão do Cosmo. Por instantes o Morro das Caveiras silenciou.

Vaivém incompreensível.

Em mim, novamente a sensação morna do esquecimento. Alguém estava incumbido de lançar véus aqui e ali. Certos departamentos de minha mente ficam encobertos por alguns momentos. Não lembro o que quero; lembro o que me é possível lembrar; o que me é permitido lembrar; como num jogo de encobre-descobre, tira-põe...

A vida que deixei está de volta. Plena. Como se a máquina do tempo me jogasse novamente no passado recente. Como se o filme começasse a partir dali. Tudo o mais é depositado na região abissal da alma.

Hoje vou falar com aquele Rabi. Vou pedir pelo meu amigo Cansado.

Quando Cansado apareceu em minha casa, ainda não se chamava assim.

— Como você se chama? — então lhe perguntei.

Pensei que ele não tivesse forças para me responder. Somente seus olhos possuíam estranho brilho, contrastando com a débil voz. Não respondeu ao que lhe perguntei.

— Estou muito cansado.

A voz saiu aos pedaços da boca que mal se abria.

— Então vou batizá-lo de Cansado. Para mim você será o Cansado. A menos que modifique essa sua cara.

— E pra mim tanto faz... Meu nome é Flávio. Venho caminhando há muitos dias. Quero falar com o Rabi de Nazaré.

Conseguiu falar com dificuldade e tombou sobre uma esteira, mas seus olhos sonolentos não se fecharam enquanto não lhe respondi a todas as perguntas com respeito ao Rabi galileu. Depois pegou no mais profundo dos sonos que já presenciei.

Deixei-o dormir por muitas horas. Era um rapazinho franzino, pele tostada de sol, descalço e quase nu. Seus olhos pareciam o de um passarinho assustado.

Mais tarde soube que era órfão. Estava sozinho no mundo e viera em busca de Jesus. Disse, com um riso irônico — pelo menos assim me pareceu —, que queria fazer parte dos Seus discípulos. Não estranhei, pois todos os que conheciam aquele Rabi eram unânimes em afirmar que Sua personalidade era cativante. Pude constatar por mim mesmo. Relutei muito, mas a verdade é que, embora o meu orgulho romano, prendi-me a ele como o filho carente se prende à mãe amorosa.

Quando Cansado acordou, ofereci-lhe alimento. Ele devorou tudo em um minuto. Depois bebeu quase um litro de água. Por fim me olhou de forma estranha e não deu mostras de se lembrar de mim. Seus olhos perderam o viço da chegada. Mortiços, eram como duas chamas a consumirem as últimas gotas do combustível. Estranhamente agressivo:

— Como vim parar aqui?

No primeiro momento achei que ele estivesse brincando.

— Você não se lembra?

— Não.

— Você chegou há algumas horas. Ainda havia sol no Céu. Disse-me que veio à procura do Rabi judeu; que queria seguir com Ele; ser um dos Dele. A mim pareceu que você e Ele eram íntimos...

O menino me olhou ferozmente:

— Não posso ter dito semelhante coisa! Você está zombando de mim?

— E por que eu faria isso?

— Eu odeio o Rabi Jesus! Devo a Ele minha angústia. Desde que ouvi falar Dele uma inquietação tomou conta de mim.

Enquanto falava, Cansado se levantou e teria saído correndo se eu não o segurasse. Ainda tremia de indignação.

— Calma. Não quer me contar a razão do seu ódio?

— Quem diabos é você? E por que se interessa por mim?

— Chamo-me Salvatore. Interesso-me por quem precisa de ajuda.

O garoto parecia perturbado. Por algum momento achei que se tratava de um desequilibrado mental, como tantos que por ali havia. Quando ele me olhou, percebi ódio nos seus olhos. Ódio por aquele mesmo Jesus que a tantos ajudava com amor.

E eu, que julgava nada ter com aquele judeu considerado por muitos como o Messias esperado, senti desconforto e parti em Sua defesa:

— Menino tolo! Vou desconsiderar o que está dizendo, porque você não passa, ainda, de uma criança. Uma criança perturbada. Eu posso lhe garantir que esse homem é bom e justo. Ele nada faz que prejudique alguém, muito ao contrário. Seu ódio por Ele só pode ser sugestão do demônio!

Cansado cravou em mim um olhar que me deixou gelado. Só naquele momento compreendi que ele não falava por si mesmo. Não. Não estava só. Deixava-se envolver por uma grande mancha escura. Ameaçadora. Via-se que não andava em boa companhia espiritual.

— Saiba que o demônio tem me ajudado. E esse seu Jesus só tem me danado a vida!

E partiu para cima de mim, de punhos cerrados.

Recuei, com medo. Não me sentia bastante forte para enfrentar aquilo. Arrependi-me por advogar uma causa inglória. O medo nos torna vulneráveis! Acovardei-me. Afinal, por que estava tão interessado em defender aquele Rabi? Que tinha eu, um romano de família ilustre, a ver com Ele?

Cansado olhou-me e gargalhou. Mas não era ele quem gargalhava. Ele traduzia a gargalhada de toda escória espiritual que estava com ele. E em um esgar de desprezo: "Não se intrometa que poderá se arrepender. Esse assunto é nosso. Nosso e do Rabi galileu".

Nosso? Estaria Cansado se referindo aos trevosos? Compreendi que tais palavras não eram daquele menino imberbe.

Ao ouvi-lo, senti uma sensação desagradável me adentrar o corpo, imobilizando-me. Medrosamente quis pedir perdão. Então uma grande vergonha se abateu sobre mim. Lembrei-me Daquele Jesus e me perguntei qual seria a atitude Dele naquele momento. Fugiria correndo para os braços de Sua mãe? Abaixaria a cabeça em um gesto de impotência? Revidaria com o mesmo ódio?

Então... aquela coroa de pingentes de lágrimas pousou sobre mim e banhou-me com sua luz. Já não havia medo. Ou desamor. Estava fortalecido. Isso bastaria para me tornar o mais ardente dos seguidores daquele Cristo. Mas eu era um romano... E aceitar o Rabi Jesus para todo o sempre estava além de minhas forças.

Não sei quanto tempo se passou até que Cansado voltou ao seu normal:

— Quero encontrar o Rabi Jesus e Lhe perguntar o porquê de Ele ter deixado meu pai morrer... — não conseguiu terminar. A voz foi ficando esganiçada e ele parou de falar. Depois, deu um soco com a mão direita, fechada, sobre a esquerda, aberta. Era tão louco quanto eu mesmo. Formaríamos uma boa dupla.

— Mas mesmo esse Rabi, que dizem fazer milagres, não tem poder de dar ou tirar vidas. Só os deuses têm esse poder, Cansado. O Galileu não teve nada a ver com isso. Você deve estar enganado.

— Não estou, não! Meu pai confiava Nele. E mesmo assim esse Jesus o deixou morrer. Como se já não bastasse a morte de minha mãe quando eu era ainda um bebê. Agora quero me encontrar com Ele e Lhe perguntar algumas coisas. Ele me deve explicações!

"Pobre criança tola" — pensei. — Quando conhecer Jesus vai ter a maior surpresa de sua vida.

Cansado falava sem respirar. A sombra escura o envolvia completamente, mas naquele momento não o dominava. Estranhamente, o medo que senti no início desapareceu à simples evocação de Jesus.

Cansado tremia. Eu lhe prometi ajuda e ele se aquietou. Via-se que estava doente. Sofria a perseguição invisível das sombras e alternava momentos de lucidez e alienação.

Na manhã seguinte, seguimos juntos em busca do Rabi Jesus. Também eu precisava observá-Lo. Precisava saber se ele era mesmo quem alguns diziam que era. Se fosse, constituía-se em um perigo nacional. Mas que perigo poderia oferecer alguém que só sabia amar? Que há pouco tempo me acudira, apesar de eu não merecer?

Tão ou mais alienado do que Cansado, já duvidava de que tal ajuda viera Dele. No fundo desprezava aquela raça que, a meu ver, ainda traria sérios aborrecimentos ao governo romano. Seria só isso? Não estaria eu com receio de ter de mudar meus pontos de vista arcaicos e enraizados? É difícil mudar conceitos e começar de novo. Os hábitos, por demais vivenciados, parecem adquirir vida própria e agir por si mesmos.

Cansado quase corria à minha frente:

— Quero olhar esse Jesus nos olhos. Então saberei se Ele é mesmo quem diz ser.

E de olhos febris dizia: "Meu pai acreditava que havia encontrado o Filho de Deus. Vivia orando pelos cantos da casa. Não se ocupava de mais nada, até de mim se descuidou. Mesmo assim Ele o deixou morrer. De que adiantou ser um seguidor fiel?"

Olhei aquele jovem que mal despontava para a vida. Um grande desalento tomou conta de mim enquanto caminhávamos por entre pessoas apressadas no vaivém do cotidiano. Era como se o dia estivesse se findando sem que eu saísse do lugar; sem que nada de bom tivesse produzido; sem ter deixado minha marca no mundo... E se não houvesse amanhã para mim? E se a morte horrenda viesse sub-repticiamente à noite e me arrebatasse a alma? O que deixaria no mundo? O que levaria do mundo? O que eu diria a fim de justificar minha ociosidade? Jesus me reconheceria e diria: "Caminhaste comigo; ouviste minhas palavras, mas persististe no erro; persististe em acumular tesouros que a traça devora e o ladrão rouba..."

Cansado parecia compartilhar comigo o estado de alma. Para ele, pensei, ainda haverá muito tempo, mas para mim... Sinto que a estrada me reserva uma surpresa na próxima curva; que a seiva da vida vai aos poucos se me esgotando. Reluto em acreditar que aquele Rabi tão humilde possa ser a salvação. Se muitos dos seus conterrâneos não acreditavam nele... como eu, um romano orgulhoso, poderia acreditar?

Fomos encontrar o Rabi Jesus ao lado de um aglomerado de pessoas. Suas vestes brancas destacavam-se das demais. Sua voz possante chegava aos ouvidos de todos. Cansado e eu ficamos ali esperando que se abrisse uma brecha na multidão.

Ele parecia abatido. Os discípulos olhavam-No com verdadeira adoração, e um deles, forte e determinado, de nome Simão Pedro, cuidava para que ninguém chegasse muito próximo Dele.

Estava há muito tempo falando à multidão. Vez ou outra, Cansado resmungava e tentava falar alguma coisa, mas a voz lhe saía esganiçava pela emoção, e ele, envergonhado, silenciava. Ao contrário, a voz de Jesus soava como música e se espalhava ao redor, redimindo pecadores, chamando todos a compartilhar o reino de Seu Pai.

Quem, em sã consciência, abominará a luz?

Às vezes Cansado olhava-O com ódio. Seus olhos brilhavam perversos e assustadores. Pude sentir sua vibração pesada indo de encontro ao Rabi, todavia, este era Luz e Paz. Amor e alegria. Nada de ruim poderia penetrar Sua aura sublime. E os dardos mentais de Cansado eram ricocheteados retornando a ele mesmo através da sintonia mental. Sombra alguma teria o poder de apagar a luz do Rabi Jesus, e todo sentimento negativo era rechaçado pela força do Seu Amor.

Impossível não se deixar tocar por aquelas palavras. Impossível não deixar que eflúvios de felicidade tomassem conta de nós. Jesus continuou:

"(...) Não há nada de escondido que não venha a ser revelado, e não há nada de oculto que não venha a ser conhecido. Pelo contrário, tudo o que vocês tiverem feito na escuridão, será ouvido à luz do dia; e o que vocês tiverem pronunciado em segredo, nos quartos, será proclamado sobre os telhados (...)".

"(...) Pois bem, eu digo a vocês, meus amigos: não tenham medo daqueles que matam o corpo, e depois disso nada mais têm a fazer. Vou mostrar a quem vocês devem temer: tenham medo daquele que, depois de ter matado, tem poder de jogá-los no inferno. Eu lhes digo: é a este que vocês devem temer (...). Todo aquele que disser alguma coisa contra o filho do homem será perdoado. Mas, quem blasfemar contra o Espírito Santo não será perdoado (...)".

Olhei para o Cansado. Pareceu-me mais sereno e até emocionado. Seus olhos estavam pregados naquele Rabi e mostravam um brilho de espelho d'água. Do ódio recente parecia nada mais restar. Pude sentir sua disposição; seu desejo de mudar de vida. As palavras de Jesus tinham algo mais, algo que só um ser divino poderia ter: elas vinham impregnadas de Amor, e só o Amor tem o poder de transformar caracteres. Vislumbrei a sombra que nunca deixava o rapaz e me perguntei se também ela não se tornaria luz ao contato de Jesus e de Seu verbo esclarecedor.

Quando o Rabi se mostrou enfraquecido pelas forças desprendidas, Simão Pedro se aproximou. Falou-lhe alguma coisa ao ouvido. Ele abençoou a multidão e saiu quase carregado pelo musculoso pescador.

Os ouvintes ainda ficaram ali por mais algum tempo. Muitos pareciam convertidos e gritavam hosanas ao Senhor. Perguntei-me até quando duraria aquele entusiasmo, pois já os vira com o Rabi em outras ocasiões e nenhuma mudança moral observara. Talvez até fosse sincera a intenção de mudar de vida e vivenciar aqueles ensinamentos, mas as atitudes amplamente repetidas; os condicionamentos, que levam à repetição automática, tornam difíceis toda mudança. Mas lá estava a semente. Um dia haveria de germinar.

Cansado pôs-se a chorar e a pedir perdão. Não quis se aproximar do Rabi Jesus. Voltamos para casa, mas naquela mesma noite ele se foi. Tão de repente como tinha aparecido. Só tornei a vê-lo novamente depois de muito tempo.

Fragmentos de memória:

De novo vem a noite sobre mim. Minhas recordações novamente se amotinam. Singelas pinceladas aqui e ali, que não querem se identificar plenamente. O anjo me disse que no momento não poderia atropelar as revelações, pois se corria o risco de pôr tudo a perder. Uma fruta verde tirada da árvore antes do tempo adequado interrompe seu ciclo de amadurecimento e perde seu sabor.

Curvo-me diante dessa verdade. O que terá por trás de tudo que não devo saber ainda? Que ainda está demasiadamente verde para ser colhido? A mente e o coração se apassivam.

Quantos dias terão passado? Minha cabeça, agora, parece um vulcão a lançar de suas entranhas tudo o que a sufoca. De repente, a memória pirracenta vai surgindo... Vem quando bem entende, não quando eu quero.

Capítulo IV

Estive com Ele no Sermão da Montanha

"Felizes os pobres de espírito, porque deles é o reino dos céus."
(Evangelho de Jesus – Mateus, 5:3)

Estou subindo a montanha com a multidão. Jamais me canso de sondar Jesus. Os sacerdotes do Templo têm feito muitas perguntas sobre Ele. Temem-No. Também o governo de Roma está alerta. Apesar de não se imiscuir nas decisões dos judeus, teme que alguma rebelião possa lhe ser prejudicial. Têm eles um acerto de cavalheiros: *"Concedo-lhes privilégios em troca da disciplina e obediência do seu povo"*. Roma sabe que os judeus são muitos. E indisciplinados. E crescem do dia para a noite, com risco de suplantar os próprios romanos e tomarem o poder.

Jesus coloca o *tallit*.[2] Observo-O acintosamente. Parece um gigante enquanto o sol se despede às Suas costas. A Natureza silencia. Falará hoje sobre as bem-aventuranças.

Todos procuram um lugar para se acomodar na grande plataforma do morro Kurun Hattin, próximo à cidade de Cafarnaum. Não só comparecem os necessitados, os humildes, os seguidores, como também curiosos e muitos escribas. Estes, para testemunhar caso o Rabi fale contra as escrituras, contra a Torá;

---

[2] Xale de oração. (N.A)

contra Moisés, contra o governo de César. Gostariam mesmo que Ele o fizesse, pois teriam o pretexto que careciam para incriminá-Lo e prendê-Lo.

Vasculho a multidão na esperança de encontrar meu jovem amigo Cansado. Terá se livrado de vez de suas obsessões? Terá o Rabi Jesus intercedido por ele?

E aquele singular Rabi, olha para a multidão. Depois queda-se olhando o Céu. Inicia sem preâmbulo:

"Felizes os pobres em espírito, porque deles é o Reino do Céu. Felizes os aflitos, porque serão consolados. Felizes os mansos, porque possuirão a terra. Felizes os que têm fome de justiça, porque serão saciados. Felizes os que são misericordiosos, porque encontrarão misericórdia. Felizes os puros de coração, porque verão a Deus. Felizes os que promovem a paz, porque serão chamados filhos de Deus. Felizes os que são perseguidos por causa da justiça, porque deles é o Reino do Céu. Felizes vocês, se forem insultados e perseguidos, e se disserem todo tipo de calúnia contra vocês, por causa de mim. Fiquem alegres e contentes, porque será grande para vocês a recompensa no Céu. Do mesmo modo perseguiram os profetas que vieram antes de vocês".

"Seja o teu falar sim, sim, não, não...".

Então me lembrei dos subterfúgios aos quais recorremos quando não sabemos argumentar com retidão; quando colocamos o nosso direito acima do direito do nosso próximo; quando queremos ludibriar a boa-fé, enganar a Sabedoria Divina.

Olhei mais de uma vez para os ouvintes e mais uma vez me surpreendi. Algumas fisionomias, antes agressivas, mostravam-se descontraídas. Outros choravam de emoção. Mas os escribas mostravam impaciência, consultando seus rolos, discutindo e cochichando entre si. Os juízes de sinagogas tomavam notas apressadas e mostravam descontentamento.

Um verdadeiro tumulto formou-se entre eles, todos falavam ao mesmo tempo quando O ouviram manifestar sobre: *"Amai aos vossos inimigos, aos que vos maldizem e caluniam; fazei o bem aos que vos odeiam e orai pelos que vos perseguem"*. Porque, diziam, aquilo era impossível de se praticar na vida real; porque a Lei mosaica pregava o olho por olho, dente por dente.

Mais que tudo o que Ele dissera até ali, aquele *"Amai aos vossos inimigos"*, me fez pensar que realmente tratava-se de um sonhador; um romântico que não sabia muito bem o que dizia. Se amar os amigos já não era fácil, como seria o amar o inimigo? Porém, olhando Sua figura serena, acreditei que talvez fosse possível.

Na verdade, eu não tinha nenhum inimigo declarado. Não que me lembrasse naquela hora. Mas estava errado...

Diante da indignação que tomou conta dos eruditos dignitários judeus ali presentes, também acabei concordando que tudo aquilo era pueril e impraticável.

Os pobres que O fitavam deixavam transparecer a alegria que invadia seus corações. Achei que muitos deles não compreendiam o que Jesus falava, mas mesmo assim estavam cheios de esperanças. Como se aquele Rabi tivesse vindo só para eles, pois não eram eles que O acompanhavam em Suas peregrinações? Se não podiam entender muito bem aquela argumentação, podiam sentir os eflúvios de paz e amor que vinham daquela singular criatura.

Em dado momento, Jesus falou mais aos Seus conterrâneos. Disse que Ele não era um Messias político, revolucionário; que a revolução que faria não era em relação às forças políticas de Roma ou ao Templo que os escorchava de impostos, mas na consciência; no coração de cada um. O messias guerreiro e sanguinário, almejado pelo povo judeu a fim de elevá-Lo ao topo do poder mundano, cedia lugar ao messias pacífico e conciliador. *"Eu vim, pela vontade do Pai, pregar Seu reino de Amor na Terra."* Em outra ocasião já O ouvira dizer: *"Dai a César o que é de César e a Deus o que é de Deus".*

Novo tumulto quando Ele falou sobre o divórcio:

"Foi dito pelos antigos que quem deixar sua mulher dê-lhe carta de divórcio, mas Eu, porém, vos digo que quem repudiar sua mulher, exceto em caso de prevaricação, faz que ela cometa adultério, e o homem que se casar com a repudiada comete adultério".

Então os doutores da Lei, irritadíssimos, disseram: "De onde Ele tirou isso? Isso é contrário às leis de Moisés! Quererá Ele ser maior do que Moisés?".

O Rabi não se alterava. Parecia mesmo que sabia que tal aconteceria. Sereno, continuou Sua pregação falando ainda sobre muitos assuntos pertinentes.

Ao término, retirou-se em companhia de Seus discípulos. Mostrava-se esgotado, como, aliás, sempre ficava depois de muitas horas em contato com o povo. A ave acostumada a voar em um céu etéreo sufoca-se no lodo da terra.

Esperei que todos descessem o morro. Também eu estava impressionado. Tentei pensar como humildes judeus. Ter a mesma tenacidade; o mesmo poder místico; sonhador; que colocava Seu Deus acima de tudo; que via naquele Rabi o enviado prometido das profecias antigas. Mas não! Eu não era feito daquela massa. Era um romano e tinha meu orgulho de raça. Nos lares romanos havia nichos consagrados aos nossos deuses. Deuses humanizados. Insensíveis. Ausentes. Mas nós os compreendíamos. Aquele Deus dos judeus não cabia em nossas mentes.

Agora sei. Agora percebo a pequenez do meu raciocínio. É tão mais fácil a acomodação... Por que alterar a rotina conveniente? Por que cansar a alma com questões de difícil entendimento?

Tomei nota de tudo. Naquele dia achei extravagância nas palavras do Rabi pregador. Principalmente quando Ele falou sobre o perdão aos inimigos. Não sabia o porquê, mas aquele discurso muito me irritou. Decidi que seria mais contundente em relação a Ele. Não mais O pouparia como vinha então fazendo. Mas um fato interessante se deu quando fui dar ciência a um dos sacerdotes do Templo. Abri a boca para falar e de repente minha voz não saiu. Tossi. Tentei novamente. Nada. Fiquei afônico de uma hora para outra. O sacerdote ficou impressionado. Depois achou que eu estava simulando a perda da voz para silenciar sobre o Rabi. Pediu que me trouxessem água. Bebi.

Ao recuperar a voz, todavia, não falei o que pretendia falar, mas fui o mais brilhante advogado na causa de Jesus. O sacerdote me olhou desconfiado. Pediu que eu esperasse ali e voltou ao interior do Templo. Dali a pouco retornou trazendo seu superior. Fui interrogado com rudeza. Eles não estavam satisfeitos com o meu trabalho. Precisei repetir várias vezes meu depoimento. Por fim, recomendaram-me ficar atento; contar-lhes imediatamente o que quer que o Rabi falasse ao povo; que só os procurasse quando tivesse algo substancial e não para fazê-los perder tempo justificando-o.

Ainda pensando no que me acontecera, saí às pressas dali. A falta da voz me dava o que pensar. Talvez estivesse sendo vítima de bruxarias, pois os amigos daquele Rabi pertenciam às mais diversas classes. E havia comentários de que Seus seguidores eram fanáticos e não hesitariam em apelar para meios drásticos. O fato é que muitos me olhavam desconfiados quando me viam nas pregações.

Havia, naquele dia pela manhã, conhecido uma jovem judia de nome Mírian de Magdala. Uma mulher muito bonita. Diziam que fora cortesã e distribuíra seus favores aos filhos dos sacerdotes do Sinédrio bem como entre outras personalidades masculinas de grande importância, todos seus grandes admiradores. Comentava-se que sabia manipular ervas; que era perfumista e considerada uma discípula fervorosa daquele Rabi; que depois de tê-Lo conhecido abandonou a vida irregular e passou a se dedicar aos necessitados de toda ordem. Era presença constante nas pregações do Galileu.

Na reunião daquela tarde ela estava presente. À sua chegada, muitos daqueles pobres falaram com ela. Uma mulher com três crianças maltrapilhas acenou-lhe. Ela se aproximou e, discretamente, colocou algumas moedas nas mãos da necessitada.

Com muitos teve uma palavra de reconforto, todavia os doutores da Lei cochichavam entre si, mostrando hostilidade para com ela. *"Até as rameiras são acolhidas por Ele"* – sussurravam uns aos outros.

Mírian de Magdala aproximou-se o mais que pôde de Jesus. Talvez porque eu a olhasse com insistência ela se voltou para mim. Sondava-me a alma? Estremeci. Senti que ela, de alguma forma, sabia que eu estava ali na qualidade de delator do seu Rabi. Seus olhos lucilaram pelas lágrimas que não chegaram a cair.

Recordei o episódio da perda de voz da qual fui vítima. Um pouco antes da chegada do sacerdote que me ouviria, eu havia pensado energicamente nela. Sua figura humana e ao mesmo tempo angélica delineou-se em minha mente e não pude pensar em mais nada. Quando tentei falar... Teria ela me influenciado a tal ponto que me fez perder a voz? Ou teria feito alguma bruxaria a fim de eu não poder delatar seu Rabi? Não pude saber.

Mesmo com a imagem de Mírian de Magdala sempre comigo, como a me advertir para não prejudicar o seu Rabi, continuei no meu trabalho. Um trabalho que, agora sei, o fazia para o bem de minha alma, pois, como uma semente que vai germinando longe da vista de todos, escondida sob a terra, aquelas palavras iam ganhando vida dentro de mim. Eu percebia que, apesar de minha aparente indiferença, ele havia arrebatado minha alma. Mas fiquei no meio do caminho. Não era nem sal nem açúcar; nem frio nem calor; nem luz nem treva... No entanto, sabia que era minha teimosia que me empanava a razão.

Aquele Rabi bebeu até a última gota do Seu cálice e retornou ao Seu mundo de glórias.

Pudesse eu ter tido mais um pouco de tempo em Sua companhia, absorvido, pelo menos um pouco, Seus ensinamentos, e seria, agora, mais feliz. Teria bebido na própria fonte. Porém, algumas poucas gotas daquele Amor que consegui absorver já me tornaram suportável aquele momento ímpar que foi o abandono das minhas vestes físicas; o adentrar o mundo espiritual que tira nossas máscaras, desnuda nossas almas, devolve-nos a nós mesmos com toda a crueza inevitável.

Capítulo V

O retorno de Cansado

*Esquecer para poder
recomeçar sem traumas.*

Um dia o anjo se fez ouvir. Não pude saber se ele estava ali, próximo a mim, ou longe, falando por meio de algum instrumento para mim desconhecido, pois não podia vê-lo.

— Está aproveitando bem o seu tempo? — ele me disse.

— Creio que sim. Pode me responder a uma pergunta?

— Tantas quantas você quiser, Salvatore.

— Por que tenho de relembrar? Por que ainda estou aqui, nesse morro, perto dessa cruz, se já não pertenço mais a este mundo? Bem sei que solicitei isso um dia, mas não consigo me lembrar o porquê de tal solicitação.

— Você não pode partir agora, em definitivo, porque tem de fazer um balanço de sua existência recentemente terminada. Assim foi decidido. Há que relembrar. Depois você agradecerá por isso. Em vez de ficar dormindo em corpo astral, você continuará acordado; voltará, em certas ocasiões — como já está acontecendo — a relembrar com mais detalhes o tempo que esteve encarnado. Sentirá novamente todas as dores... todas as emoções... O passado pode voltar por meio das lembranças, amigo.

— Aí é que está toda a problemática. Não consigo me lembrar de tudo. Sei que alguma coisa aconteceu comigo e que foi a causa de minha crucificação, mas não consigo recordar o quê. É como se as lembranças ficassem amotinadas. Às vezes quase me lembro. Esforço-me. Vislumbro o acontecido, mas quando vou tomar posse daquele passado, as cortinas se fecham e o espetáculo é encerrado. É francamente irritante e doloroso!

— Já lhe ocorreu que tal esquecimento é para seu benefício?

— Meu benefício? Tal angústia pode beneficiar alguém?

— Salvatore, tenha paciência. Continue recordando. Tudo tem uma razão de ser. Conhecimento fora de hora não traz benefício. Logo essa fase terminará.

Sabia que era inútil discutir com o anjo. Melhor fazer o que ele ordenara. A revolta traz gosto amargo à boca. Sentei-me longe da quarta cruz. Fechei meus olhos e continuei a vê-la. Morto! Crucificado! Por quê? Por quê? Só o silêncio me respondia.

Como alguém que chega pisando de mansinho para não alertá-lo, as lembranças foram chegando novamente. Quando eu as buscava elas fugiam; quando eu as ignorava elas apareciam:

Fazia um calor insuportável. Eu havia acabado de chegar ao Templo e estava, como sempre, impressionado com sua grandiosidade. Realmente os judeus gostavam de ostentação. Fora idealizado pelo rei Davi, mas só construído por seu filho Salomão. É o orgulho maior do Judaísmo; local de encontro de todos os hebreus. Consegue viver ricamente, graças aos impostos abusivos que cobra dos fiéis; das oferendas que estes são obrigados a fazer, das cerimônias de purificação e outras e de todo o comércio que se agita no seu interior. Também das contribuições generosas dos judeus ricos.

O sumo sacerdote, os sacerdotes e todos os funcionários graduados vivem como reis; acumulam fortunas à custa da religiosidade do povo fanático.

Esperava, no pátio dos gentios, que comporta cento e quarenta mil pessoas, por um funcionário que me atenderia. Estava ali, como já disse anteriormente, para mantê-los informados sobre as atividades do Rabi Jesus. Era sempre tomado de uma tristeza após tais delações, porém, se parasse agora, a ira dos sacerdotes recairia sobre mim.

Enquanto esperava, observava a multidão que por ali circulava. De repente, vi o Cansado. Havia muito tempo que não o via e queria saber como estava. No primeiro momento ele não me reconheceu. Estava envolvido por aquela nuvem escura que quase sempre o acompanhava.

— Não é possível que você já tenha me esquecido. Não faz tanto tempo assim, Cansado!

Ele me olhava com olhos mortos. Olhava e nada via. Tomei-o pelas mãos e o conduzi a um lugar mais tranquilo.

— Meu amigo... Pelo jeito de nada valeram as orientações do Rabi Jesus. Achei que você, depois de ouvi-Lo, tivesse se curado dessa alienação...

Só então, ao falar de Jesus, como se esse nome fosse mágico, Cansado reagiu. Tornou a me encarar. "Jesus... Jesus, o Rabi galileu" — repetiu várias vezes.

— Lembra-se?

— Agora me lembro.

— Lembra-se de mim, também?

— Sim. Você se chama...

— ... Salvatore.

— Sei...

— Então... Como tem passado?

— Não muito bem. Às vezes a nuvem escura me persegue e apaga minhas lembranças. Mas tenho uma coisa importante para lhe contar.

Sentamo-nos no chão, bem longe do bulício do Templo.

— Então? O que tem para me contar?

— Encontrei meu pai!

— Mas você havia me dito que ele morreu! Lembra? Você até estava procurando o Rabi Jesus para tomar satisfações!

Cansado envolveu a cabeça com as mãos. Suspirou fundo e disse:

— Eu sei. Eu sei. Só que fui enganado. Pela nuvem escura... Você bem sabe.

— Mas então me diga: onde está seu pai? Como e onde você o encontrou?

— Por algum tempo, logo depois que fomos ouvir aquele Rabi, eu me senti curado. Pelo menos não sentia mais a nuvem escura circundando minha cabeça. Então pude raciocinar por mim mesmo. Jamais vi o corpo morto de meu pai. Lembrei que em uma tarde ele me dissera:

"Flávio, meu filho, não posso mais continuar convivendo com você". — Eu o olhei, surpreso, e ele continuou:

"Olhe para mim. Olhe para meu corpo". — Foi então que percebi várias manchas levemente arroxeadas. Ele continuou:

"Agora se afaste de mim. Não quero que você também fique doente. Essa é uma doença maldita. Veja esta queimadura". — E ele me mostrou a mão direita enrolada em um pano.

"Queimei-me sem querer. Esta doença nos torna o corpo insensível". — disse com lágrimas nos olhos.

— Pai... o senhor...

"Estou doente. Contraí a lepra" — E, chorando, quis abraçar-me, mas recuou:

"Não posso tocar em você. Sou um imundo e devo me retirar da presença de todos, conforme manda a lei". — disse ele mal contendo a emoção.

Cansado enxugou algumas lágrimas:

— O choque foi tão grande, Salvatore, que mais me desequilibrei. Chorei. Esbravejei. Clamei pelo demônio, pois Deus nos havia abandonado. Então a nuvem escura voltou. Naquela ocasião haviam me dito que ele fora assassinado por salteadores de estrada e eu o dei por morto. Como ele era um seguidor de Jesus, achei que Jesus deveria tê-lo protegido mais.

O pai de Cansado havia adquirido a doença maldita. Para não contaminar o filho e também pelas leis, tinha de se retirar do convívio das pessoas saudáveis. Deveria procurar o vale dos leprosos — também chamado de "vale dos imundos" — e juntar-se aos seus iguais. Deveria usar uma sineta para anunciar sua aproximação e identificar-se como impuro.

— E agora? Onde está ele?

— Eu o vi perto da entrada da cidade. Falamo-nos de longe. Ele está ficando deformado. Seus dedos estão se recurvando...

Cansado parou de falar. Estava sufocado. Sugeri que orasse e pedisse a ajuda do Rabi. Eu era a incoerência em pessoa. Dual e contraditório. Ele se ajoelhou e permaneceu assim por muito tempo. De seus olhos desciam lágrimas. Olhei-o atentamente e não mais vi a nuvem escura. Talvez fosse só impressão minha, mas creio que a oração a afastou.

Depois de algum tempo, mais sereno, Cansado se calou. Parecia meditar. Algo tinha acontecido.

— Você me parece melhor... Mais lúcido...

— Melhorei muito depois que vi e ouvi o Rabi Galileu. Agora mesmo, quando orava, senti a energia dele. O ódio desapareceu e só senti seus olhos amorosos sobre mim.

— Você O tem seguido? Conseguiu falar diretamente com Ele?

— Não. Nunca tive coragem. Mas Ele... parece que me viu.

— Como assim?

— Um dia Ele me olhou. Havia muita gente, mas Ele me procurou com os olhos. Eu estremeci. Ele me olhou por algum tempo e nada disse. Desse dia em diante começou a minha cura. Agora, só quando me descuido, as sombras aparecem. Mesmo assim, como ainda há pouco, é ele quem me socorre.

— E o que está fazendo aqui, hoje?

— Vim procurar o Rabi, mas, aqui chegando, desnorteei-me. Decidi que devo falar com Ele o quanto antes.

— Ele não está aqui. Não faz muito tempo estive com Ele e Seus seguidores.

— Sabe aonde ele foi? Agora que tomei a decisão de Lhe falar...

— Quem poderá saber? Hoje está aqui, amanhã acolá. Conhece uma seguidora Dele de nome Mírian de Magdala?

— Uma que mora num castelo? Que dizem ser muito bonita?

— Sim. Muitos a conhecem. É uma perfumista... Antes de conhecer o Rabi Jesus não tinha boa reputação. Agora, dizem que se transformou radicalmente; que é muito caridosa; que abriu sua casa para os pobres.

— Mas o que tem ela? Como poderá me ajudar?

— Ela sabe tudo sobre o rabi Jesus. Você poderá lhe perguntar. Qual sua intenção?

— Meu pai quer ver Jesus. Tem certeza de que se O vir será curado do seu mal. Eu também acredito. Tenho visto muita gente que foi curada por Ele. Acho que os judeus que O perseguem estão cegos.

— Por que diz isso?

— Porque eles não reconhecem o Rabi como o Messias esperado. Tenho ouvido rumores...

— Mas muitos O amam de verdade.

— Só os pobres e sofredores. Os sacerdotes não veem a hora de botar as mãos Nele. Temem-No. Pudera! Jesus sempre os supera na interpretação das Leis. Isso, até onde eu sei, desde que era muito pequeno.

Fiquei sem jeito, pois eu também colaborava com o Templo judaico, relatando aos sacerdotes tudo o que Jesus fazia. Também ao poderio de Roma. Senti minhas faces arderem de vergonha, embora reconhecesse que jamais falara algo que O incriminasse realmente.

— Também tenho visto algumas curas. Há, porém, muitos que não se curam — falei para me livrar do mal-estar.

— Sim, eu sei. Mas meu pai diz que os que não se curam é porque ainda não estão preparados para ela. Muitas vezes nem fé têm.

Propus-me a acompanhar Cansado. No dia seguinte lá estávamos nós às portas da casa de Mírian de Magdala. Do portão já se podia sentir o aroma penetrante dos seus perfumes. Meu coração estava inquieto. Tentava não pensar tanto naquele singular Rabi, mas meus pensamentos sempre voltavam a Ele.

Um criado atendeu-nos:

— Shalom[3], irmãos.

Não lhe desejamos o mesmo. Apenas inclinamos a cabeça no assentimento. Explicamos-lhe que queríamos ver a senhora Mírian de Magdala. Ele pensou por alguns instantes:

— Conheço o senhor. Tenho-o visto nas pregações do Rabi Jesus. É cristão?

Levei um choque.

— Cristão? Não.

Ele me olhou desconfiado. Pediu que esperássemos ali mesmo e desapareceu no interior da casa. Cansado olhou-me:

— Ele disse que conhece você das pregações. O que isso significa? Você é também cristão?

— Não. Tenho realmente ido algumas vezes ouvir esse Rabi. Gosto do que Ele prega.

---

[3] Cumprimento judeu: Paz seja convosco! (N.A)

Claro que me calei sobre minha condição de espião. Espião? Será que não usava essa condição para iludir a mim mesmo? Para poder ouvi-Lo sem que a consciência me pesasse? O que, realmente, eu já havia delatado que o pudesse incriminar? Nada. Só o que todos já sabiam.

Cansado nada disse. Depois de algum tempo o criado voltou:

— Sigam-me, senhores.

Conduziu-nos a uma saleta e pediu que aguardássemos. Em seguida trouxe uma bacia com água para que nos lavássemos, conforme o costume. A água estava perfumada. Cansado não era dado a hábitos higiênicos e mal tocou a água.

O criado nos olhava disfarçadamente. Estava desconfiado.

Cansado olhava tudo com grande inquietação. Eu estava intranquilo, mas feliz por estar ali. Pude constatar que a perfumista era uma mulher ordeira e praticante da caridade, pois, em apenas alguns minutos, o criado passou por nós várias vezes atendendo aos necessitados que batiam àquela porta. Vi que Mírian atendia a todos, embora não se mostrasse a ninguém. Também percebi que o criado dispensava, por ele mesmo, alguns pedintes. Reconhecia os mendigos profissionais; aqueles que gostam de abusar da boa-fé alheia.

Mírian de Magdala se demorava. Mais uma vez o criado apareceu e disse que ela não nos atenderia naquele dia.

— Peço-vos perdão, mas a senhora não está bem.

— Mas... o que aconteceu? — perguntei arrogante, como se ela tivesse a obrigação de nos atender.

O criado ficou indeciso. Percebi que fazia um esforço muito grande para ser gentil. Olhou para Cansado e depois para mim:

— Tenho ouvido falar do senhor...

Então ele me conhecia. Fiquei contente por isso e quis tirar vantagem da situação. Com superioridade disse-lhe que não era exatamente um seguidor do seu Rabi Jesus. Ele nada falou. Ficou nos olhando de modo enigmático, mas sem nenhum temor, antes, mostrava superioridade sem ser arrogante; força interior que, no momento, não compreendi.

— Diga à senhora Mírian de Magdala que precisamos lhe falar.

Achava, eu, na minha estupidez crônica, que ela deveria sentir-se até honrada em poder falar comigo, um romano bem posto na sociedade.

Parece que o criado leu minha mente, porque sorriu condescendente:

— Como já disse, ela não está em condições de receber ninguém, por mais importante que seja. Está repousando em seus aposentos. Se for de sua vontade diga-me o que quer, senão volte em paz. — E pousou em mim dois olhos negros que me fizeram arrepiar.

Cansado puxou-me:

— Vamos embora. Essa mulher não vai nos atender.

— Espere! — exclamou o criado. Não pensem que é má vontade dela. Realmente ela não está bem. É uma boa mulher e não deixaria de atender aos senhores se estivesse bem. Poderão voltar amanhã.

— Entendo — disse eu mal-humorado. Vamos, Cansado. Amanhã retornaremos.

Estávamos próximos à porta quando uma mulher apareceu. Era muito bonita e disse que vinha em nome de Mírian de Magdala, sua amiga.

— Peço desculpas aos senhores. Mírian não está bem e me pediu para atendê-los. Posso ajudar? Do que se trata?

— Sinto muito. Mas o que tenho a falar é só com ela... — disse Cansado.

— Talvez eu possa ajudar... Não quer confiar em mim?

A moça era de uma candura de impressionar. Vestia-se elegantemente, mas sem nenhum luxo. Calçava leve sandália de fios trançados e delicados que deixavam seus dedos finos à mostra. O cabelo escuro estava preso por um lenço de tecido também de mesma cor. Enquanto falava, reconduzia-nos à sala da qual havíamos saído. Acomodamo-nos. Depois de ter mandado que nos servissem um suco, continuou:

— Mírian tem, às vezes, crises profundas de abatimento. De um momento para outro se transmuda completamente... Depois que conheceu o Rabi Jesus está muito melhor, mas de vez em quando tem alguma recaída e fica prostrada no leito.

A moça mostrava-se reticente ao falar de Mírian. Não queria expor a amiga a nenhuma interpretação errônea.

— O que os senhores querem com ela?

Contei-lhe a história de Cansado; falei de seu pai, de sua doença; da necessidade de saber onde o Rabi estava a fim de buscar ajuda.

Ela nos ouviu atentamente e desanuviou o semblante:

— Ahn... Os senhores fazem muito bem em recorrer a Ele. Tenho certeza de que o doente ficará curado com um só olhar do Rabi.

Ao falar do Rabi os olhos dela lucilaram e a voz se adoçou ainda mais. Naquele momento senti ciúmes de Jesus. Era inconteste o sucesso que Ele fazia entre as mulheres. No entanto, as tratava como irmãs muito queridas.

— Ele está hospedado em casa de amigos. Voltem amanhã e eu os levarei até lá. Hoje não posso me afastar da cabeceira de Mírian.

O criado observava-nos de longe. Via-se que estava contrariado com a intromissão da mulher.

Agradecemos e saímos. Cansado mostrou-se muito interessado nessa amiga de Mírian. Durante o tempo de nossa conversa, esquecia os olhos nela. Na rua, ainda parecia sonhar.

— Gostou da moça hein, Cansado?

— E você, não gostou?

— Ela foi muito simpática. Mas queria mesmo era falar com Mírian. Que mulher maravilhosa! Já a vi algumas vezes com Jesus. Parece que não tem olhos para mais ninguém! Se você ficou encantado com a amiga, vai enlouquecer quando conhecer Mírian.

Cansado dormiu em minha casa. Demoramos muito a conciliar o sono. Ele pensava na amiga de Mírian e eu pensava em Mírian. Queria vê-la novamente, mas não era por nenhuma paixão; já havia passado da idade dos arrebatamentos amorosos. É claro que sua beleza me encantava, mas queria vê-la uma vez mais para fazer algumas perguntas sobre as atividades do seu Rabi Jesus. Na intimidade da alma acho que queria mesmo era ser convencido a me tornar cristão.

Na manhã seguinte, seguimos para a casa de Mírian. Cansado havia se levantado muito cedo. Quando olhei para ele, sorri:

— Cansado! Você está limpo! A quem devo a satisfação desse momento? — e, rindo ainda: — Não precisa dizer. Já sei. É a amiga de Mírian. Acertei?

O rapaz ficou vermelho. Tossiu e pigarreou. Ganhava tempo para responder.

— Sempre há um dia em que precisamos nos arrumar um pouco... Ontem eu fiquei sem jeito quando ela me olhou. Senti-me um burrico sujo.

— Mas suas roupas continuam sujas. Não quer experimentar alguma das minhas? Apesar da sua pouca idade é quase tão alto quanto eu.

— Não. Obrigado! Só você vê sujeira aqui...

— Não seja tolo! Claro que todo mundo vê que sua roupa vai parar em pé quando você a tirar. Vamos, aceite. Deixe esse orgulho besta.

Com muito custo, Cansado aceitou. Vestiu-se às pressas e fez um pacotinho da roupa suja. Dei-lhe também um par de sandálias.

— Na volta devolvo a sua e torno a vestir a minha. Obrigado!

— Por nada. Jogue essa sua roupa. A sujeira já está incrustada nela. Não há água que a tire. Pode ficar com a minha.

Sem jeito ele agradeceu e saímos. À porta do palacete de Mírian, sua amiga já estava esperando. Fiquei decepcionado quando ela disse que Mírian continuava sem poder receber ninguém.

— Mírian pediu-me que os levasse até onde Jesus irá pregar hoje. — E vendo meu ar decepcionado, disse, com o mais meigo dos sorrisos, que nos acompanharia até lá e também intercederia pelo pai do Cansado.

— Mas ainda não nos apresentamos. Eu sou Esther, uma amiga de Mírian. Também sou de Magdala; estou aqui em Jerusalém há pouco tempo. Vim a pedido de Mírian, que passa por uma fase difícil.

— Eu sou Salvatore Felicce.

Ela inclinou levemente a cabeça. — E você? — perguntou a Cansado.

Meu amigo ficou branco. Olhou para o chão:

— Cans... Flávio.

— Flávio? Bonito nome. — E se voltando para mim:

— Por que o chama de Cansado?

— Olhe para ele. Não parece que está extremamente cansado?

Rimos.

— Quando nos conhecemos ele me disse que estava muito cansado. Então eu o batizei de Cansado.

Esther fitou-o e disse-lhe:

— Pois eu o chamarei de Flávio. Não acho que pareça cansado. Tem um bonito nome e deve exigir que o usem, Flávio.

Meu amigo nada respondeu. Esther continuou:

— E seu pai, onde está? Não veio com vocês? Não é ele o interessado na cura?

— Ele... Ele... — e não conseguia falar mais nada.

— Cansado, diga à moça o que acontece. Destrave a língua, rapaz!

— Meu pai... ele... não pode comparecer junto às outras pessoas...

— Está acamado? — e a moça tocou levemente o braço de Cansado.

Meu jovem amigo gaguejou. Não conseguiu responder algo que fizesse sentido. Abaixou a cabeça e continuou grunhindo. Então eu saí em seu socorro.

— O pai dele sofre de uma doença incurável. Lepra. E não tem permissão para abandonar o vale. Nem pode visitar o filho...

— Pobrezinho! — exclamou Esther. Mas Jesus vai curá-lo mesmo a distância. Isso já tem acontecido algumas vezes. Mas vamos andando, que não demora o sol esquenta, e temos uma boa caminhada pela frente.

Finalmente, depois de alguns metros percorridos, Cansado destravou a língua:

— Senhora Esther...

— Pois não, Flávio.

— É que... meu pai...

— Já sei. Não poderá vir conosco. Não tem importância. Jesus o curará, se for da vontade de Deus.

— É que meu pai... Ele confia muito em Jesus. Eu já vi esse Rabi algumas vezes. A senhora acha mesmo que meu pai ficará curado?

Cansado, de repente, tornou-se prolixo. Andava ao lado de Esther e tagarelava sem parar.

— Eu só posso afirmar uma coisa: Se seu pai tiver fé e merecimento, ele se curará. Não duvide.

— Meu pai é uma pessoa muito boa. Sempre cuidou de mim e, enquanto ele era sadio, nada me faltou. Agora sofremos os dois pela separação.

Esther tinha os olhos marejados de lágrimas.

— Você nunca mais o viu?

— Só de longe. Mal conseguimos ouvir um ao outro. Ele tem medo de me passar a maldita doença... Mesmo de longe sei que ele chora. Mas não se revolta. Tem fé no Rabi.

Caminhamos por mais de duas horas. Cansado perdera toda a timidez. Olhava para Esther como se estivesse olhando para um anjo do Senhor. Eu estava impaciente para chegar, mas meu amigo e Esther nem percebiam o tempo passar.

O sol estava a pino quando chegamos a uma casa singela, não muito longe de Jerusalém.

A dona da casa nos recebeu com simpatia. Ofereceu água para que nos lavássemos e depois nos serviu algumas frutas e água para beber.

— Desculpe-me pela singeleza do alimento e agradeçamos a Deus por ele.

— Dinah, minha boa amiga. Não se preocupe com isso. Aqui viemos em busca de outro alimento.

— Bem sei, Esther. E é esse alimento o mais importante. E dele nos dará o Rabi, logo mais à tarde. Mas a que devo o prazer dessa visita? Vejo que trouxe estes amigos. Vieram para ouvir Jesus?

— Sim. É dádiva de Deus poder ver e ouvir o Messias.

A boa amiga nos apresentou a Dinah. Falou sobre a doença do pai de Cansado. Dinah ficou tomada de amores maternais por Flávio. Confesso que cheguei a invejar meu amigo. Também estava carente.

— Flávio, tenha fé, meu filho. A força de Deus é grande. Ele curará seu pai por intermédio do Rabi Jesus. — E o abraçou ternamente.

Cansado ficou sem jeito. Olhou para Esther. Depois para mim, como a pedir socorro. Mas Dinah, uma matrona de uns 40 e tantos anos, continuou a abraçá-lo e a mimá-lo como a uma criança.

O tempo foi passando e a casa de Dinah tornava-se pequena para receber tanta gente. De todos os lados surgiam pessoas que vinham ouvir Jesus em sua casa. Na cozinha, muitas mulheres se ocupavam da comida. Interessante o costume desse povo, pois mesmo os mais pobres não deixam ninguém sair de suas casas sem antes lhes satisfazer o estômago. Era questão de honra para todo judeu.

Logo depois ouvimos vozes se aproximando. Os cachorros se assanharam e se puseram a latir. Um garoto saiu correndo e voltou em seguida para anunciar que estavam chegando. Dinah e nós saímos e ficamos aguardando do lado de fora.

No meio de algumas dezenas de pessoas, Jesus estava chegando.

Meu Deus! Por mais tempo que passe jamais vou esquecer tal espetáculo: o Sol, magnífica esfera reluzente, se punha na linha do horizonte e franjava as nuvens de dourado. O calor sufocante que havia nos castigado durante o dia cedia lugar a uma brisa benfazeja. No Céu, algumas nuvens se alvoroçavam, como a saudar o visitante. E os pássaros, na cantilena de fim de dia, chilreavam, buscando o aconchego dos ninhos.

No meio da pequena multidão que se aproximava, destacava-se a figura inconfundível do Rabi. Era bem mais alto do que os demais. Sua túnica branca parecia fosforescer pelo efeito da claridade às Suas costas. Seus acompanhantes conversavam entre si, cada qual querendo se aproximar mais, se possível, tocá-Lo. Era voz corrente que o toque, ainda que ligeiro, livrava--os dos males. Jesus parecia compreender tal gesto de adoração, mas não os incentivava. Muitas vezes, sem nenhum acontecimento perceptível, Seu rosto se transmudava como se estivesse sofrendo a dor alheia. Outras vezes suavizava a expressão, e se a boca não ria, Seus olhos falavam da paz que Lhe ia à alma.

Caminhava de cabeça alta; passadas largas. Introspectivo. A poeira do caminho tornava o rosto de todos cor de terra. Alguns se protegiam com xales. As crianças debandaram e foram abraçar a dona da casa, que as esperava com algumas guloseimas.

Olhei para o Cansado. Extático, ele não tirava os olhos do Rabi. Achei que ele nem percebia a presença dos demais, tal sua fixação na figura alta e imponente de Jesus. Finalmente, chegaram.

Dinah adiantou-se para recepcioná-los e os saudou com a cortesia que cabia a uma anfitriã. Jesus mostrava seriedade sem sisudez; alegria sem exagero; cordialidade sem subserviência. Uma grande bacia com água foi colocada diante Dele. Pétalas de uma flor desconhecida por mim bailavam na flor d'água. Dinah Lhe ofereceu uma toalha rústica, mas limpa. Ele agradeceu. Depois beijou com ternura filial a face da mulher.

Todos os discípulos se lavaram naquela mesma água, que por último parecia enxurrada. O restante da sujeira ficou por conta das toalhas.

Ao nos cumprimentar, o Rabi olhou demoradamente para Cansado, que continuava como que hipnotizado. E daqueles olhos vi irradiar algo que me fez acreditar que ele era, no mínimo, um filho especial de Deus na Terra. Todos estavam ao redor Dele. E todos presenciamos o ocorrido, o que foi para mim um alívio, pois bem sei que, mais tarde, eu poderia atribuir aquilo ao arroubo daquele momento mágico. O que vi? O que presenciamos, afinal? Eis o que presenciamos: Os olhos do Rabi Jesus irradiaram ondas tão intensas, tão energéticas (só soube isso bem mais tarde com as explicações do anjo) que Cansado se desequilibrou e teria caído se Dinah não o segurasse. Todos se aquietaram e vi que estavam amedrontados, mas felizes. Com a energia daquele Amor, a sombra escura que se imantava a Cansado deixou-o. Bem mais tarde soube que também aquele espírito trevoso fora conquistado para a luz, pois Jesus não só libertava o obsidiado como também amparava o obsessor.

Um dos Seus discípulos, o de nome Simão Pedro, louvou a Deus e beijou o rosto do seu querido Rabi, dizendo a todos que ali estava o Filho de Deus vivo que viera para pregar o reino de Deus na Terra.

Olhei para Cansado e vi que ele havia recebido o alimento da alma. Livre do obsessor, seu olhar, dantes inexpressivo, apresentava uma lucidez visível. Dirigiu-se para o Rabi e Lhe tomou as mãos. Não era mais a criança amedrontada de momentos antes. Era o homem equilibrado que sabe o que faz. Todos observavam. Cansado beijou aquelas mãos. Depois chorou discretamente. Jesus, sem que ele nada dissesse, pediu que tivesse fé em Deus e esperasse. Um dos Seus seguidores falava a Dinah da bondade do seu Rabi. Jesus ouviu e respondeu:

"Por que me chamais bom? Bom é Deus, meu Pai e vosso Pai".

Não esperou, todavia, resposta. Abraçou algumas crianças que estavam por perto e entrou, pois a noite chegava. A casa foi pequena para tanta gente, e Dinah improvisou bancos onde havia espaço.

As horas passavam rápidas demais. As pessoas, como sempre acontecia, emocionavam-se durante a prédica, mas depois voltavam aos seus hábitos antigos, pois que difícil é arrancar raízes profundas, e o mal é como uma doença que propicia metástase. No momento da emoção, propõe-se à mudança de hábitos; à regeneração espiritual; a abraçar uma vida mais digna, porém, infelizmente, passado o momento emotivo, a disposição se vai e os velhos hábitos voltam ao comando.

De minha parte estava ansioso para voltar e ver o que acontecera ao pai de Cansado. Teria ele se curado, mesmo a distância, como afirmara Esther? Eu achava que não, pois Cansado nem tivera ensejo de falar com Jesus sobre ele. Toda vez que tentava se aproximar era barrado por algum discípulo que lhe pedia para não cansar o Mestre com pedidos; que seu Rabi já sabia de nossas necessidades e as atenderia no momento oportuno. Lembrou a ele que o Mestre já lhe havia concedido bastante tempo e expulsado seu demônio. Ele não tinha, pois, razões para reclamar.

— É que... meu pobre pai...

— Meu Rabi sabe de tudo. Tenha fé, pois sem ela nada será feito.

Em outros tempos, Cansado teria desobedecido e discutido, mas agora eu tinha outro Cansado à frente. Senti que aquele singular Rabi havia conquistado mais um seguidor. Mais uma alma adejava aos Céus. E eu? Por que me mostrava tão impenetrável? Por que alternava momentos de otimismo com outros de pessimismo?

Valores materiais.

Ilusões terrenas.

Lastros que nos prendem à terra...

Jesus conversava com uma mulher idosa, que chorava e Lhe implorava ajuda. Sua família estava na miséria e ela lhe pedia que intercedesse; que fizesse com que a fortuna lhes favorecesse novamente o lar.

Vi compaixão nos olhos Dele quando disse:

"Não vim ao mundo para cuidar da matéria que é perecível e sim do Espírito, que é eterno. Voltem-se todos para as necessidades espirituais que o restante lhes será dado por acréscimo de misericórdia. Lembrem-se de que os bens materiais são empréstimos de Deus que visam ao bem comum. Devem ser multiplicados e não escondidos ou utilizados para veleidades. O Pai cobrará de nós a boa administração desses bens".

A mulher afastou-se, envergonhada. Muitos que esperavam a vez para falar com o Rabi, ao ouvirem aquela resposta, saíram com a decepção estampada no semblante. Ainda estavam em busca das alegrias do mundo...

Vinho misturado com água e pão assado que ainda não esfriara completamente foram servidos. Depois alguns figos secos. Apesar de o alimento ser pouco para tanta gente, todos ficamos saciados. Tive certeza de que Jesus, ao orar para agradecer aquele alimento, o energizara. Também a dissertação Dele já era um alimento que por muito tempo alimentaria a nós outros.

Era tarde quando a maioria regressou. A noite estava clara e milhões de estrelas piscavam na imensidão cósmica. Jesus, um terço de Sua comitiva e Esther ficaram na casa de Dinah. A boa mulher exultava de felicidade por poder servir ao Filho dileto de Deus.

Estávamos, Cansado e eu, no grande pátio da casa nos preparando para a jornada de volta, quando me deparei com algo inusitado: Um clarão se abriu entre as nuvens e, em uma espécie de tubo esfumaçado que alcançava o teto da casa de Dinah, pareceu-me ver faíscas de luz que caíam sobre o telhado e desapareciam. Corri para dentro de casa para ver se aquelas faíscas haviam penetrado o telhado. Nada vi. Naquele momento Jesus pedia licença e se recolhia ao quarto que Lhe fora designado. Fiquei atento. Depois de alguns minutos o Rabi voltou. Estava completamente renovado. De Seus olhos partiam luzes. O que teria vindo do Céu para reabastecê-Lo? Até o momento, ignoro.

Na volta, Cansado me falou de sua intenção de seguir Jesus. Agora, toda a sua animosidade em relação à vida havia desaparecido. Procuraria seu pai nas cavernas onde os doentes se recolhiam e juntos seguiriam os passos do Mestre. Não mais se separariam, pois Jesus o libertara do terrível mal. Não haveria mais perigo — afirmava com certeza.

Perguntei-lhe sobre a possibilidade de seu pai não se ter curado. Apesar de ter presenciado muitas curas daquele Rabi, diferente de tudo que até aquele momento conhecia, ainda duvidava. A alma se rebelava. Não me estava sendo fácil apagar antigos e enraizados valores e substituí-los por outros. Não para um orgulhoso e tolo romano que, se pouco conhecia da vida terrena, nada sabia da espiritual. Só muito tempo depois, compreendi porque aquele Messias procurara Seus discípulos entre os humildes. É que os ditos cultos eram tolos, orgulhosos e estavam assoberbados demais com a ilusória cultura do mundo.

Cansado olhou-me. Vi o brilho no seu olhar:

— Meu pai já está curado.

— Como pode ter tanta certeza?

— Eu sei. Jesus me disse.

Estranhei, porque ele não pudera dialogar com o Rabi. Então... quando Jesus lhe afirmara a cura do pai? Estaria meu amigo superestimando os acontecimentos? Estaria, como me pareceu acontecer com os demais, vendo um Deus naquele singelo galileu? Estariam todos sendo vítimas de uma sandice geral? Costumava-se atribuir aos cristãos o uso de sortilégios para conseguir o que queriam. Assim, tinha eu motivos para estar reticente.

— Cansado, não estará você acreditando demais? Olha que pode vir a se decepcionar. É melhor não se deixar levar pelo excesso de confiança... Esse Jesus... será que é tudo isso? — Mal falei e já me arrependia. Acaso não fora eu testemunha dos amigos que Ele tinha no Éden? Aquele tubo do Céu à Terra... as luzes... Agora pensava: Não seriam aquelas faíscas de luz o reflexo de Seu exército de Anjos?

Eu era a criatura mais dúbia sobre a face da Terra. Quando próximo do Rabi, acreditava Nele e prometia que mudaria radicalmente minha vida, mas bastava me afastar alguns metros e a incerteza voltava.

Cansado me olhou e sorriu. Percebi que ele estava possuído da mesma febre dos muitos judeus. Calei-me.

Não seria eu quem haveria de desiludi-lo. Minha alma gemente lamentou ser tão cética.

Era noite alta quando chegamos. Cansado se deitou e logo adormeceu. Eu fiquei um bom tempo pensando em tudo. Rememorei tudo o que vi; o que havia escutado dos seguidores do Rabi: "Ele ressuscitou um homem que já estava morto. Sim, o Lázaro. Ele já estava na sepultura e Jesus ordenou ao seu Espírito que retomasse o corpo. Ele reviveu..."

Tudo aquilo me intrigava, mas o que mais me confundia e fazia sofrer era perceber que eu, mais dia menos dia, também poderia cair na sedução por Jesus. Já não tinha prazer nenhum em fornecer meus relatórios ao sumo sacerdote e ao governo civil de Roma. Quantas vezes deixava de relatar coisas que teriam causado problemas a Ele? Quantas vezes me confortei com Suas palavras? Já não tinha certeza se O seguia para cumprir meu dever de delator; se por amor a Ele ou... por necessidade. Muito tempo depois percebi que tudo aquilo me serviu para que eu conhecesse Jesus e O seguisse. O tempo todo pensei que estivesse no comando... mal sabia que era eu o comandado. Diversificados os caminhos de Deus.

Cansado dormia o sono dos justos e inocentes. Seu rosto, depois daquela tarde com Jesus, havia adquirido maturidade e serenidade. Cheguei a invejá-lo. Ele ainda tinha cura, mas e eu? Como, àquela altura, poderia renunciar a tudo que achava importante? Meus deuses, minhas convicções, meu mundo... e abraçar uma fé estrangeira? E se o coração pendia para Jesus, a racionalidade arremetia à crueza da realidade. Se a alma almejava as alturas celestes, o corpo se acomodava nos prazeres vulgares. E eu me quedava sem saber que rumo tomar.

Concluí que bem poderia mesmo estar sendo vítima de sortilégios. Corria de boca em boca que judeus cristãos se davam a isso, e que proeminentes autoridades já se haviam rendido àquele singular Rabi. Comentavam o fato de a bela Mírian de Magdala, que recebia em seu palácio homens ilustres, filhos de sacerdotes do templo judaico, de repente ter renunciado a tudo para segui-Lo e transformado seu palacete em um refúgio e hospital para os necessitados.

Resolvi que não mais O seguiria, e nesse momento veio-me à mente uma pergunta: Um homem com poderes para mandar na vida e na morte, que transforma pessoas com Seu olhar, não seria um perigo para a nação romana? Não seria Ele algum mago a serviço das trevas? Só bem mais tarde pude avaliar o tamanho da minha estupidez; da minha mente tacanha! Como rodamos nas trevas tendo à nossa frente a luz?

Dormi mal e tive pesadelos. A dualidade conflitante, que agasalhava e que queria esconder de mim mesmo, ia aos poucos minando minhas energias.

Pensava nos meus valores terra a terra e os confrontava com os daquele homem singular. Se tivesse eu, à época, a certeza da imortalidade da alma; de que as consequências de atos vividos, positivos ou negativos, voltam aos seus respectivos protagonistas; que a dor é uma resposta aos nossos pensamentos e atos descaridosos, minha razão teria sabido escolher o melhor caminho e a bondade teria prevalência em minha alma.

Cansado, ao contrário, dormiu muito bem e acordou ainda mais confiante no Rabi. Até sua aparência cansada adquirira mais vitalidade. Cumprimentou-me sorridente, o que jamais fizera antes.

Mal nos alimentamos e saímos em busca de seu pai. Eu não perderia por nada deste mundo a oportunidade de presenciar o encontro do pai com o filho. No meu ceticismo crônico, não acreditava que encontraríamos o doente curado e, nesse caso, Cansado precisaria de um amigo para consolá-lo. Mas, no fundo de minha alma, torcia para que eu pudesse estar errado.

— Por que me olha assim, Salvatore? Vejo piedade em seus olhos.

— É que... meu amigo... não estará você alimentando uma ilusão que o fará sofrer? Aquele Rabi Jesus... Sabe você que as autoridades romanas querem pôr as mãos Nele? Que O consideram um agitador como muitos que já têm aparecido por aqui? Sabe que seu povo clama contra a nação que os alimenta?

Cansado estacou, de repente. Seus olhos adquiriram brilho tão intenso, que me arrependi de ter feito a pergunta. Mas não se abalou, afinal.

— As autoridades romanas só têm medo daquilo que lhes oferece perigo. Estão certas por temerem Jesus, que veio pôr ordem na Casa do Pai. Há muito tempo que o Templo, dirigido por autoridades cruéis que aproveitam da boa-fé e do fanatismo religioso, explora o povo com impostos escorchantes; com a obrigatoriedade dos holocaustos e tantas outras necessidades criadas para mais escravizar os fiéis já tão escravizados pelo poder romano. E Roma se acumpliciou a esses sacerdotes para, por meio deles, poder

_____
[4] Tribunal judaico.

melhor governar, e também, por sua vez, abarrotar seus cofres. Assim, permite que os judeus continuem a praticar sua religião; não interfere nas decisões do Sinédrio[4], exceto em caso de sentença condenatória de pena de morte. Roma e o Templo formam um conluio escandaloso e imoral.

Senti-me como uma criança tola que quer ensinar seu mestre. Como pudera Cansado, um jovenzinho perturbado e sem títulos que o recomendassem, ter me falado como falou? Ou teria sido o intérprete de algum ser que eu não via? Estranho. Mas ele ainda não estava satisfeito e continuou:

— Meu povo clama contra a nação que os alimenta?! Ora, meu amigo, ele foi trazido para cá como prisioneiro; como escravo. Jamais abandonaria por espontânea vontade sua Terra. E pagam muito caro por esse alimento que não pediram. Ofereça-lhe Roma a liberdade e verá que fugirão daqui sem olhar para trás. Exceto, claro, aqueles que tiram proveito da situação.

Mais uma vez ele selava minha boca.

— Cansado, creio que você, afinal, tem suas razões.

Nada mais falamos. Cada qual ruminava seus pensamentos, mas, a partir dali, passei a olhá-lo com mais respeito.

No caminho, já próximo às cavernas, encontramos alguns doentes. Que cena desumana! De longe gritavam, ao perceber que compartilharíamos o mesmo caminho: "Impuros! Impuros!". Alguns deles tinham uma sineta atada ao pescoço para avisar sua aproximação. Deprimente! Chocante! Mas eram obrigados a procederem dessa forma.

Enquanto eu me enojava e recuava, com medo de contrair a doença, Cansado seguia a passos firmes. Tinha os olhos marejados de lágrimas, mas não tinha nenhum medo. Cumprimentou aqueles infelizes e perguntou pelo seu pai:

— Ahn... seu Domiciano?... Eu o conheço sim. Você deve ser o filho dele, não é? — perguntou uma mulher de mãos retorcidas e envoltas por trapos.

Ao perceber que eu não tirava os olhos daquelas mãos, ela enrubesceu e tentou escondê-las. Cansado me olhou e disse:

— Não tenha medo, Salvatore. Quando temos o coração puro nenhuma doença se nos instala. A luz saneia e afasta o mal. Aprendi com Jesus.

Surpreendi-me com a clareza do seu raciocínio. Realmente meu amigo revelava-se um filósofo. Os demais doentes seguiram seu caminho. Cabisbaixos. Entristecidos. A mulher se prontificou a nos levar até Domiciano.

— Como está meu pai?

— Da última vez que o vi não estava bem. Não que a doença tenha progredido, mas ele está muito triste por ser obrigado a ficar longe de você. Essa doença maldita...

Cansado suspirou:

— Acho que daqui para a frente nada mais vai me separar de meu pai.

A mulher olhou-o, espantada:

— Como assim? Perdeu o juízo? Não convém que você fique entre nós, os impuros... Está correndo sérios riscos!

— Sairemos desse vale. Meu pai não está mais doente.

A mulher o olhou com tristeza. Depois se voltou para mim, como a me interrogar sobre a saúde mental de Cansado.

— É que Jesus... Quer dizer, ele acha que o Rabi Jesus curou seu pai, ontem, da casa de Dinah, onde o Rabi esteve pregando.

A mulher riu um riso desalentado e disse:

— Longe de mim querer desanimá-lo, meu rapaz, mas eu também já procurei Jesus; já supliquei pela minha cura e...

Parou de falar e gemeu baixinho. Olhou suas mãos doentes e as levantou como a mostrá-las ao Céu e pedir clemência. Condoí-me dela e achei que se fosse um deus romano eu a curaria naquele momento.

— E...? O quê? — perguntou Cansado, também sensibilizado pela dor daquela mulher.

— Como vê... não estou curada.

Olhei para Cansado esperando ver nele os efeitos negativos daquela declaração. Surpreendi-me mais uma vez.

— Sinto que não tenha se curado. Na verdade poucos podem se curar... — relutou em continuar.

— O que está querendo dizer? Acha que seu pai é melhor do que eu? Pois saiba que não é! Eu mereço a cura muito mais do que ele! — disse ela com agressividade e petulância.

E desapareceu toda a brandura que havia em seu rosto... Sua humildade... Sua conveniente cordialidade... Percebi que se eu, por acaso, fosse um deus romano e a tivesse curado pela emoção do momento, estaria laborando em erro. Ela apenas parecia merecer misericórdia; parecia estar sendo injustiçada; parecia ter valores espirituais...

Sem querer, admirei mais um pouco aquele Rabi. Com certeza Ele havia lido a alma daquela mulher. Vira que a cura, naquele momento, seria contraproducente. E eu, como deus romano, não teria percebido nada disso.

Cansado completou o que ia dizer:

— Na verdade nem todos os que procuram por Ele são curados. Há que ter muita fé e merecimento. Há que ter esgotado sua taça de fel... E Jesus é um ledor de almas.

De minha parte fiquei um pouco mais surpreso. Até onde eu sabia, Cansado desconhecia as razões intrínsecas da alma humana. Quem poderia ter-lhe afirmado aquilo senão o Rabi? Mas... quando?

A mulher olhou-o revoltada e rebateu:

— Você não me conhece para afirmar que eu não tenho fé ou merecimento! — Seus olhos lançavam chispas.

— Peço-lhe perdão, senhora.

A mulher olhou-o com rancor:

— Você não passa de um rapaz pretensioso e tolo que mal saiu dos cueiros. E olha, se continuar a me ofender não o levarei até seu pai.

E emburrou como uma criança birrenta e má. Parou e cruzou os braços. Eu ia pedir desculpas novamente quando Cansado disse-lhe:

— Vê-se que a senhora não tem muita paciência nem entendimento. Eu não tive a intenção de ofendê-la... Na verdade, falei sem querer; falei o que me veio à mente.

A mulher desarmou-se e se pôs a chorar.

— Ninguém me compreende. Se não me curei não foi por falta de merecimento, não. Nem de fé. Não sou má, ao contrário, sou boa, procuro andar sempre direito.

A pobre mulher desfiou seu rosário de queixas. Afirmou que eram injustas as dores que a perseguiam; que jamais fizera qualquer coisa que justificasse aquele castigo horrendo.

— Senhora... é que... muitas vezes não nos damos conta de que erramos — falou meu amigo como um profeta.

Ela olhou Cansado. Gemeu. Olhou para o Céu e disse:

— Vamos. Vou levá-los até Domiciano. Quero ver por mim mesma a sua decepção ao constatar que ele não está curado. Vamos, vamos. Esse Jesus tem só fama; cura quem não merece e deixa quem merece nos sofrimentos.

Cansado e eu a olhamos. Estávamos perplexos. Poderia jurar que ela desejava que Domiciano estivesse na mesma. Ou até pior. A natureza humana é invejosa. Se não houve cura para ela, também não deveria ter havido para o outro.

— A senhora viu meu pai depois de ontem à noite?

— Não. Mas sei que ele não está curado. Se eu não mereci a cura ele também não, pois não é melhor do que eu.

— Não conhecemos o que vai ao íntimo de cada alma — afirmou Cansado, surpreendendo-me uma vez mais com sua filosofia.

A mulher não deu resposta. Caminhava na frente e parecia ter muita pressa em mostrar ao meu amigo que seu pai continuava na mesma; que nada adiantara ter recorrido ao Rabi galileu. Tinha pressa em que Cansado retomasse o sofrimento. Queria ver a decepção no rosto dele. Ela também não se decepcionara? Também não sofria?

Meu amigo sorriu. Nada poderia ofuscar a fé que tinha naquele momento.

Seguimos por uma trilha pedregosa no meio do mato ralo. Nuvens esgarçadas corriam sobre nossas cabeças. Percebi que algumas pessoas se escondiam à nossa passagem. Uma mulher ainda jovem me impressionou por sua beleza. Não parecia doente, ao contrário, seu corpo irradiava saúde. Não se escondeu como os demais, mas destacou-se do grupo:

— Amigos, a paz seja com todos!

— E contigo também — respondemos.

Surpreendi-me. Não podia entender o que tal criatura estaria fazendo num lugar condenado como aquele.

— Vejo que a senhora é sã — disse-lhe meu amigo.

— Sim. Graças a Deus, tenho boa saúde.

— Então... o que faz neste lugar? Não tem medo de contrair a doença?

A mulher nos olhou. Que olhar sem igual! Quanta bondade irradiava!

— Meus filhos, aprendi com Jesus que nada nos acontece de mal quando não o trazemos em nossos corações. E a prática da Caridade é um empecilho que impede qualquer doença de se manifestar. A luz da Bondade repudia as trevas da maldade. Estou aqui no exercício do Amor Fraterno.

Fiquei confuso. Havia pouco tempo que Cansado falara algo parecido sobre a ação da luz sobre o ataque das trevas. De qualquer forma achei uma imprudência uma mulher tão jovem e bela se expor a uma vida daquela. Mas Cansado não compartilhava minha opinião.

— Louvado seja Jesus que iluminou seu coração. Ele curou meu pai e estamos indo ao encontro dele, que deve estar tão são quanto nós. Faz tempo que a senhora vive aqui?

— Desde que meu querido filho contraiu a doença libertadora e veio para cá. Faço-lhe companhia e evito que a revolta degrade sua alma.

Agora nós três ficamos confusos. Redargui:

— Doença libertadora?

— Sim.

— Pode ser mais clara? Para mim doença não liberta, mas, ao contrário, escraviza.

A mulher sorriu:

— Não, senhor. Deus não quer escravos. E é para a libertação do meu filho, que andava escravizado pelo mal desde antes de renascer neste mundo, que a doença fez morada em sua alma.

Não sabíamos o que responder. De onde ela havia tirado a ideia de que seu filho já viera ao mundo marcado para ser doente? Que já havia cometido erros e, portanto, se tornara escravo deles? Quem lhe falara sobre a reencarnação? Teria sido Jesus quando afirmou a Seus discípulos que o profeta Elias já havia retornado a Terra como João Batista?

Lembrei-me de que entre os judeus se falava muito sobre ressurreição, mas não sobre reencarnação. Algumas religiões antigas do Oriente abordavam o assunto, mas a esta época pouco se falava sobre outras existências ou reencarnação.

Percebendo nossa estranheza, ela explicou:

— Tenho acompanhado o Rabi Jesus em Suas pregações. Ele disse certa vez ao rabi Nicodemos: *"Em verdade vos digo que quem não renascer de novo não entrará no reino dos Céus"*. E muitas outras coisas tem nos ensinado o Filho de Deus, mas infelizmente ainda não temos o que Ele chama de *"olhos de ver e ouvidos de ouvir"*.

A mulher que seguia conosco disse-lhe:

— Se nos der licença, vamos indo. Vamos agora visitar o pai do nosso amigo aqui e depois lhe diremos se Jesus é tudo isso mesmo.

Falou de modo rústico e azedo. Não gostou de saber que, se sofria, a culpa era dela mesma; algo negativo já teria feito no passado espiritual: *"A cada um segundo seus atos"*.

A mulher não se ofendeu. Desejou-nos sorte e se foi.

Finalmente chegamos a uma caverna. A mulher chamou e ninguém apareceu. Chamou novamente. Às suas costas Domiciano apareceu. Viu o filho e deu um grito de alegria. Inconscientemente, recuou alguns passos:

— Então foi tudo verdade! — disse, não contendo a emoção.

Cansado se aproximou e se abraçaram. Pai e filho choraram. *"A paz seja convosco"* — cumprimentou-me, em seguida, com um aceno de cabeça.

— Meu pai! Como está o senhor?

A mulher, incrédula, não tirava os olhos de Domiciano. Procurava pelas manchas arroxeadas que até o dia anterior lá estavam. Olhou as mãos dele e estas já estavam normais. A deformidade dos dedos se fora quase que completamente, como também as feridas, as manchas e a insensibilidade. Era outro homem.

A desilusão da pobre mulher foi enorme. Achegou-se a Domiciano e tomou suas mãos. Examinou-o por inteiro com cuidado. A decepção que desejara para meu amigo se lhe estampava na fisionomia.

— Domiciano... Você foi curado sem mesmo estar presente à reunião daquele Rabi?! Mas isso foi injusto... eu... que há alguns dias estava lá... tão perto Dele... que supliquei... que chorei...

Domiciano confirmou que estava curado; que não mais era um impuro. E condoeu-se dela, exortando-a a fé e a paciência.

A mulher não o largava, tentando descobrir alguma mancha, alguma ferida, fazendo-o virar-se de um lado a outro, querendo descobrir algum ponto insensível.

Cansado já mostrava descontentamento com aquela atitude. Em outros tempos teria feito a mulher correr dali debaixo de palavrões.

— Pai, quando cheguei o senhor disse: "Então foi tudo verdade?" Verdade o quê? O que o senhor quis dizer, meu pai?

A mulher continuava a virar o homem de lá pra cá. Antes de responder, ele a segurou pelos ombros:

— Mulher... Com todo respeito... Quer parar com isso? Ainda não se convenceu de que estou curado? Agora vá. Conte aos outros o poder do Rabi Jesus. Vá a senhora também procurá-Lo mais uma vez. Peça com humildade e fé, e Ele também a livrará dessa praga maldita.

E, soltando-lhe os ombros, pediu-lhe que fosse embora sem mais delongas e que se modificasse a fim de merecer a cura.

— Senhora..., vá na Paz de Jesus. Feche as portas para o mal e a inveja e, tenho certeza, o Rabi a curará também. Muito grato por ajudar a encontrar meu pai — disse-lhe Cansado.

Atônita, ela se foi. Ficamos os três ali. Pai e filho se olhando. Depois, Domiciano nos convidou a sentar em algumas pedras próximas à entrada da gruta. Cansado repetiu a pergunta pela segunda vez.

— Vou contar tudo, mas depois. Antes, me diga por que você veio até aqui, contrariando minhas ordens. Ainda tem muita gente doente por aqui. E se pegar a maldita doença nesse vale dos imundos? Por que não ficou surpreso com minha cura repentina? O que aconteceu ontem ao entardecer?

Domiciano falava com empolgação. Tinha pressa. Temeria que o encantamento daquele momento se dissipasse como as nuvens de ainda há pouco?

— Calma, meu pai. Vamos por partes. O senhor disse-me para procurar o Rabi e pedir por sua cura.

— Sim. Eu me lembro. Também orei muito e supliquei a intervenção do querido Rabi.

— Eu e meu amigo aqui, o Salvatore, que muito tem me ajudado, fomos vê-Lo na casa de uma de Suas conhecidas. Eu fiquei tão aparvalhado quando me defrontei com a figura majestosa Dele, que emudeci. Razões têm muitos ao considerá-Lo o Messias Salvador. Não consegui falar nada, só fazia tremer. Durante Sua prédica Ele me olhou. Foi como se uma onda de energia adentrasse o meu corpo e me sacudisse o Espírito. Cheguei a cambalear e teria ido ao chão se não me segurassem. Os olhos Dele estavam em mim e através deles vi o Céu, os anjos, as terras, os rios, os oceanos... Vi as florestas, as flores, os pássaros... Vi a vida e vi também a morte. E pude compreender que a morte não é mais do que uma etapa da vida...

Cansado parou por alguns instantes. Depois continuou:

— A vida na Terra... Uma breve passagem. Vi Nele a vida eterna e o fio condutor de almas. Senti que Ele é a ponte pela qual nós, caminheiros alienados, haveremos de atravessar um dia em direção a Deus.

Meu amigo falava como quem recitasse um poema sublime. E em sua voz eu sentia a firmeza das verdades profundas. Seus olhos tinham o brilho das estrelas em noite escura. O pai o olhava e, como eu, assombrava-se com a prolixidade até então desconhecida do filho. Mais uma vez me convenci de que o Rabi era mesmo o Filho de Deus encarnado na Terra. Mas a semente estava soterrada pela montanha de preconceitos e demorar-se-ia muito a germinar no meu pobre ser.

Os últimos raios de sol douravam a linha do horizonte. Alguns fiapos de nuvens afastavam-se, céleres; os pássaros, na sua cantilena habitual, buscavam seus ninhos. A conversa não poderia ser interrompida para render homenagem ao fim de dia e muito mais falou meu amigo Cansado. Muito chorou seu pai ao ouvi-lo. Por fim, convidou-nos a entrar em sua gruta. Acendeu lampiões e se desculpou por não ter nada a nos oferecer.

— Agora, meu pai, conte-nos como se deu a sua cura.

— Sim, mas ainda tenho uma pergunta: Você disse que nem chegou a falar sobre mim com o Rabi? Então... Eu não compreendo...

— Eu não precisei falar com Ele, mas Ele soube o que pedi sem palavras. Ele leu a minha alma, pai. Só um Mensageiro de Deus faz o que Ele faz...

— Eu bem sei, filho. Estive muitas vezes com Ele.

— Mas o senhor ainda não respondeu à minha pergunta. Por que disse, quando aqui chegamos, "então foi tudo verdade?"

— Ontem, desde o raiar do dia, estava me sentindo diferente. A revolta, que normalmente sentia, cedia lugar à conformação. Não à conformação que amolece a alma, mas a conformação pela fé, pela certeza de que existe um Deus a olhar por nós.

Enquanto o pai de meu amigo enxugava grossas lágrimas, Cansado disse:

— Jesus, como Moisés, prega que existe um só Deus, o Pai Eterno Dele e de todos nós.

Como romano orgulhoso e tolo, protestei:

— Mas nossos deuses também são poderosos!

— Todos os demais deuses são criações humanas para nos levar ao Deus verdadeiro, único e soberano — respondeu meu amigo com convicção.

Domiciano concordou e continuou sua narrativa:

— Já era de tardezinha quando fui até ao poço que nos serve, retirei água e, mesmo sem sede, fui impelido a tomar vários goles. Depois me banhei. Aquela água, ao tocar meu corpo, produzia-me uma sensação tão grande de alívio, que fiquei muito tempo a me banhar. Depois tomei mais água, como se alguém me ordenasse que assim o fizesse. Surpreso, dessa vez senti que ela tinha um gosto estranho. Indefinido. Também tinha odor. Lembrava o cheiro das flores, mas também o de terra molhada. Olhei detidamente para a água dentro da caneca e me pareceu ver um rosto. A face de Jesus de Nazaré!

O ex-doente não conseguiu prosseguir. O choro embargou-lhe a voz. Soluçou por alguns instantes. Eu e Cansado não interviemos. Depois ele se acalmou e continuou:

— No mesmo momento senti uma irradiação estranha me tomando e me fazendo tremer como se estivesse febril. Devo ter perdido a consciência por alguns minutos. Parece que adormeci ali mesmo, com a caneca na mão.

Lágrimas desciam-lhe novamente rosto abaixo. Também eu senti a boca seca e os olhos úmidos. Veio-me à mente tudo o que até ali ouvira daquele Rabi. Suas curas, a compaixão que se irradiava dos olhos ao se deparar com o sofrimento alheio...

Qualquer alma menos endurecida teria se rendido às evidências, entretanto permaneci nas mesmas dúvidas, cultuando minha posição de romano bem-sucedido, calcando aos pés a semente...

Cansado, há muito tempo, chorava discretamente. Então compreendi por que os humildes chegam primeiro ao Reino de Deus. Domiciano continuou, quando recuperou o domínio:

— Sim, Flávio. Sim, Salvatore, meu amigo! Eu vi na água o rosto suave do Rabi galileu! Ele estava ali... Como pode ser se, naquele momento, segundo você me contou, Ele estava fazendo Sua prédica na casa de Dinah? Mas eu sei que Ele é o Filho de Deus e tem poderes para isso e muito mais.

Domiciano chorava como uma criança, mas era um choro de felicidade e reconhecimento. Cansado tomou-lhe as mãos e as beijou:

— Pai, continue. E daí? A imagem Dele ficou muito tempo refletida na água?

— Não, filho. Alguns segundos apenas. O tempo suficiente para eu vê-Lo e compreender.

— Foi depois disso que o senhor percebeu que estava curado?

— Minha emoção foi tamanha que esqueci minha doença. Esqueci-me de mim mesmo. Eu estava repleto de Jesus. Ao me vestir para tornar à gruta, lamentei não ter aproveitado aquele momento para pedir a cura, pois ainda não tinha percebido que já estava curado. Vesti-me às pressas, pois que a noite já chegava e logo mais aquele lugar estaria repleto dos doentes que voltavam de suas caminhadas em busca da esmola para a sobrevivência. A sensação de paz que então sentia, acrescida da leveza do corpo, me fazia ver este vale de forma diferente. Não era mais o vale dos imundos, o lugar do qual todos fugiam, o refúgio dos proscritos. Não. Era um jardim de flores que exalavam doce perfume. Agora eu sabia que aquele Jesus o visitava também. Não estávamos esquecidos do Seu amor... E contemplei o caminho de pedras, os pequenos arbustos, os animais que fugiam à minha presença, os pássaros que atravessavam aquele espaço sem se incomodarem com quem ali morava... Só quando cheguei próximo à entrada da gruta, percebi as florzinhas rasteiras que a enfeitava. Curvei-me e falei com elas. Agradeci a cada uma a gentil presença na entrada de meu lar e me desculpei por, até aquele momento, tê-las ignorado. Ainda não me tinha dado conta de minha cura. Teria sido naquele momento em que vi o Divino Rabi refletido na água? Ou foi durante a noite que tudo se deu? Sei que dormi um sono tranquilo como jamais havia dormido. Sonhei que Jesus me visitava. Eu O convidei a sentar-se naquelas mesmas pedras nas quais estávamos sentados ainda há pouco. Ele me olhou com bondade e disse:

"Não foram apenas a fé e a bondade do vosso coração que vos curaram. Foi, acima de tudo, o esgotamento do vosso cálice de fel, foi vosso merecimento. Há quem se perca no meio do caminho, enchendo novamente o cálice com a dor, quando esta já está a se findar... Nosso Pai não nos cria para a infelicidade. Não existe uma Lei de dor imposta, arbitrária. Há apenas a lei da evolução que vos corrige conforme se faz necessário e para o vosso Bem. As Leis do Pai governam sabiamente o mundo dando a cada qual o de que precisam...".

— Disse ainda outras coisas que não consegui reter ou compreender integralmente.

Domiciano mostrava um estado de real felicidade enquanto narrava o sonho. Cansado e eu nem respirávamos. Qualquer coisa que disséssemos atrasaria a narrativa. Ele continuou:

— Acordei com essas palavras do Rabi repercutindo nos meus tímpanos. Levantei-me para orar e só então...

Não pôde continuar. Foi sufocado por mais uma avalanche de lágrimas. Cansado o abraçou. Eu quase lhe pedi que parasse de chorar logo e continuasse, embora já soubesse o desfecho.

— Então... ao me olhar... me vi limpo. Limpo! Não tinha mais nenhuma mancha. A ferida do meu pé estava completamente cicatrizada. Os panos que a envolviam estavam no chão. Belisquei-me todo para ver se sentia dor; se o corpo estava sensível. Nunca a dor me pareceu tão doce. Eu sentia cada toque. Minhas mãos estavam normais. Vejam vocês mesmos.

Cansado e eu tomamos as suas mãos. Nós as examinamos. Ninguém seria capaz de dizer que foram mãos enfermas. Onde, antes, havia feridas, a pele parecia mais clara e ostentava cicatrização. Ainda em lágrimas, continuou:

— Caí por terra e orei nem sei por quanto tempo. Olhava-me a todo instante, receoso de que estivesse sonhando. Mas, não! Eu estava realmente limpo! Sei que foi o Rabi Jesus quem me curou. Agora quero segui-Lo e dar testemunho de minha cura.

Capítulo VI

Folha seca ao vento

*"Jesus é o exemplo da caridade e
Pilatos, o do egoísmo."*
(O Evangelho Segundo o Espiritismo)

Novamente me encontro aos pés da quarta cruz.
Vivo duas realidades. Uma atual e outra passada. Ambas legítimas.

Fui crucificado alguns meses depois do Rabi Jesus. Ninguém derramou por mim nenhuma lágrima de revolta ou saudade.

Como cidadão romano, eu não poderia ter sido tão arbitrariamente crucificado, mas meus algozes não deram oportunidade para qualquer julgamento ou explicação. E a justiça não tinha tempo para se ocupar de mim.

Em Roma, o imperador andava de mau humor. Para as crucificações não havia, então, necessidade de julgamentos longos nem de motivos relevantes. Qualquer um, mesmo sendo inocente daquilo que o inculpavam, poderia ser crucificado, de forma que a Via Ápia e o circo viviam a exibir suas cruzes; suas tochas humanas. Pão e circo. Desse modo, se saciava a plebe inconsequente de um governo igualmente assim. Também em Jerusalém tal hábito foi adotado.

Pôncio Pilatos... Poderia ele ter salvado Jesus se não tivesse simplesmente lavado as mãos? Estaria essa omissão prevista nas deliberações espirituais? Mas, o que foi, então, Jesus? Para mim, àquela época, um sonhador inocente. Um idealista. Para uma parcela do povo judeu, que vivia eternamente agasalhando seus sonhos de poder e liberdade, uma esperança. Para os sacerdotes e demais funcionários graduados do Templo, um perigo sério que poderia resultar na perda de todas as regalias que ali desfrutavam. Para Roma era uma constante ameaça à ordem estabelecida, e para Pilatos confusões e perigo de perder o cargo conquistado.

O Messias judeu impressionava pelo Seu porte; pelo magnetismo que se irradiava Dele. Jamais se vira, até ali, algum rabi atrair tanta gente; jamais algum deles falou com tanta lógica e amor, mas lógica e amor que absolutamente não convinham ao Judaísmo reinante. Cegos. Todos nós!

Algumas vezes eu vi Pilatos cercado por seus bajuladores. Falava-se que se valeu de artimanhas para conseguir o cargo de Procurador da Judeia e que conseguira se casar com Cláudia, enteada de Tibério, usando de feitiçarias; de filtros do amor, tal era o costume de muitos para conseguir a realização de desejos espúrios.

Quando o Rabi galileu foi levado até ele, eu estava no meio do povo. Não compartilhava com a sanha dos Seus inimigos, mas de minha boca não saiu uma palavra em sua defesa. Tive pena, mas me acovardei. "Sou um cidadão romano e não vou me expor em defesa de um judeu idealista" — assim aquietei minha consciência.

Por aquela ocasião já havia desistido do triste papel de espião, embora O seguisse sempre que possível. Minha alma ainda se debatia na dúvida. Conceitos enraizados regados por orgulho de raça não morrem fácil.

Se, depois de ouvi-Lo, optava por dar novo direcionamento à minha vida, tão logo Dele me afastava. Os condicionamentos me traziam de volta à velha rotina. Só bem mais tarde compreendi que livrarmo-nos do mal, fazermo-nos novamente, exige bem mais do que emoção momentânea. Toda mudança tem de se efetuar de dentro para fora, com determinação, fé, compreensão. Fora desses parâmetros toda mudança é provisória.

Pôncio Pilatos vivia tenso com as notícias daquele Rabi judeu. Embora vez ou outra aparecesse um "salvador" daquele povo, Jesus estava se demorando muito para sair de cena, e Ele via sua carreira política sendo ameaçada por mais uma discórdia crescente no meio daquele povo estranho que, ainda que sob o domínio romano, fazia valer seus valores.

Embora escravos, sentiam-se os verdadeiros filhos de Deus. Era ponto de honra para todo fiel visitar o Templo em Jerusalém periodicamente, oferecer holocaustos e se submeter às suas determinações.

Aquela construção magnífica era o orgulho de uma raça já orgulhosa por natureza, a comprovação de serem os escolhidos. Para eles significava, ainda, a morada de seu Deus invisível, mas para os sacerdotes de todas as hierarquias, para os funcionários graduados, significava o poder, a riqueza, o *status* social dos quais não abriam mão. Se realmente criam naquele Deus que diziam representar, suas atitudes os desmentiam, pois valorizavam em demasia todos os bens e privilégios materiais.

Tudo o que viesse por determinação do Templo era cumprido com ou sem reclamações: os dízimos, os holocaustos, o preço pago por cerimônias diferenciadas e outras tantas mais, parte da primeira colheita, as melhores frutas, os melhores animais... o melhor azeite... tudo. Tudo era pouco para servir a garganta descomunal do Templo.

O povo judeu daquele tempo era inquieto e fanático. Discutidor. Preconceituoso. Toda verdade estava com eles e pronto. Quando o Rabi Jesus começou a pregar e Seus discípulos a afirmar que Ele era o Messias há tempos esperado, o Judaísmo se arrepiou. Os sacerdotes e todo o seu séquito trataram logo de desfazer tal afirmação. Afinal, não era de um messias pobre e cordato que a nação precisava. Sentiam-se indignados quando ouviam falar naquele Rabi pobre, nascido em Nazaré, uma cidade que eles desprezavam por sua insignificância. Aquele Jesus só podia ser um impostor e devia ser vigiado constantemente. Esperavam que Deus lhes mandasse um Messias poderoso e guerreiro que, com Seu exército de Anjos, elevasse a nação ao topo do mundo.

Certa ocasião, presenciei um fato que me fez tremer de ira contra o Templo, ou melhor, contra os seus altos dignitários: Um mercador se lamentava, rasgava as próprias roupas, puxava os cabelos diante de suas mercadorias. Ao seu lado, a mulher tentava contê-lo. Aproximei-me o mais que me era permitido e compreendi o motivo de tanto desespero: toda a sua mercadoria fora declarada imunda, impura pelos sacerdotes e por isso ninguém poderia ou quereria comprar sua safra. Era assim que os sacerdotes se vingavam dos mercadores e camponeses quando desconfiavam de que eles estariam sendo desonestos quanto ao quinhão que pertencia ao Templo.

Tais ocorrências me voltavam à memória enquanto olhava Pilatos na sua indecisão. Ali estava o Procurador da Judeia tentando minimizar aquela ocorrência que poderia levar instabilidade ao seu cargo perante Roma. Ali estavam os sacerdotes tentando se livrar Daquele que ameaçava a continuidade de sua vida de conforto material. Ali estava o povo ébrio de sangue. Alienado. Corruptível. Também ali se agitavam os manipulados pelos sacerdotes a fim de induzirem o povo e fazê-los gritar contra Jesus. E ali também estava eu, pobre folha seca ao vento.

Estava Pilatos em um impasse. Senti-o perdido e tenso. Não queria cometer uma injustiça condenando um inocente. Então, em uma última tentativa, ainda tentara salvar aquele Rabi. Não via nele nenhum perigo iminente. Mas tal opinião não era a do sumo sacerdote e a do Sinédrio. Era a oportunidade que eles, há tempos, buscavam para se livrar daquele Rabi que os ameaçava. Já haviam feito um julgamento irregular, ilegal, em que tudo fora distorcido, mas, como não tinham autonomia para aplicar a pena de morte, recorriam a Pilatos.

Era costume libertar um preso por ocasião da Páscoa. Pilatos, na tentativa de salvar Aquele a quem considerava inocente, pediu à multidão que escolhesse entre Jesus e Barrabás, salteador de estradas. Qual não foi meu espanto quando gritaram: *"Soltem Barrabás! Crucifiquem Jesus!"*

Barrabás foi poupado. Jesus crucificado. A treva vencia a luz, enquanto Pilatos lavava as mãos.

Senti-me aborrecido. Afastei-me da multidão. Percebi que a infelicidade, qual visco pegajoso, enrolava-se em minha alma. Mas o que tinha eu a ver com tudo aquilo? O que aquele Jesus representava para mim? Que tinha eu a ver com aquele povo belicoso e rixento? Com o Templo? Por que tudo aquilo me perturbava tanto? Por que senti asco daquela multidão que preferiu salvar a vida de um salteador de estradas e crucificar Jesus?

Tentei me convencer de que aquele assunto não me dizia respeito. Ora, não fora eu quem o condenara. Há tempos desligara-me do serviço de espião. Afastara-me, pois o olhar Dele sobre mim me queimava como brasas acesas. Eu nem sequer O conhecia direito. Eu não era judeu e não estava comprometido com nenhum Deus invisível. Mas... ai de mim... Eu estava impregnado de Jesus mais do que pensava. Seu Deus único já se insinuava em todo o meu ser.

Mal acabava de formular tais pensamentos e me surgiam os olhos inconfundíveis Dele como um lago de águas serenas. Penetrantes como a mais afiada das lâminas. Senti-me desnudado. E em mim uma guerra surda se desenrolava; uma guerra que ia sub-repticiamente minando meu tolo orgulho de raça.

Atoleimado desde que me vi em outra dimensão da vida, não tenho mais certeza de nada. Tudo me vem envolto em névoa e não sei dizer o exato momento em que tudo se deu. Apenas sei que não foi uma quimera. Sei também que poderia ter sido diferente.

A própria lembrança da existência recentemente finda... a cidade... os lugares que percorro... nada é igual. Vez ou outra sinto sono. Muito sono. E procuro um lugar longe do bulício. Mas se as vozes da cidade emudecem, os gritos dentro de mim ensurdecem.

Esforço-me para lembrar algo, uma lembrança que me foge no mesmo momento em que quase a alcanço. Recapitulo até a exaustão. Essa lembrança envolta em brumas traz-me ansiedade, embora nunca se revele. Vislumbro alegria, mas, antes que meu coração se manifeste, ela despeja nele um ácido corrosivo que traz a dor de volta. Enlouqueço... Não sei se estou desperto, guerreando com sombras, ou se estou no reino infernal dos seres em punição.

Desperto sem ter dormido. Sinto que minha alma não é mais do que um frágil sopro que se esgarça e se desconecta da fonte divina. Mas a lembrança de Jesus chega e neutraliza os sentimentos ruins. A revolta cede lugar ao conformismo. Sempre Ele, o Rabi galileu, vem pousar Seus olhos sobre mim nos meus momentos sofridos. Quero, agora, lhe falar. Contar os meus desenganos, pedir que faça por mim o que tantas vezes o vi fazendo aos sofredores que O buscavam. Estendo-lhe minha mão direita. Ele também estende a Dele. Mão de luz. Mão de afagos. Mão de cura... Mão que abençoa... Então... quando nossas mãos vão se unir, eu me recordo de quem sou. De quem Ele é... Um simples filho de carpinteiro. Um sonhador. Um idealista. Como pode a dor nos fazer de tolos crentes? — pergunto a mim mesmo. Sou um romano! Nada tenho a ver com essa gente. Roma está saturada de judeus. Em toda casa romana há serviçais judeus. E não posso confiar neles. São como cobras que se enroscam em nós, que esperam o momento do ataque. Que tenho eu a ver com esse Jesus? — reafirmo — E aquela mão vai se diluindo em gaze tênue até se dissolver por completo.

Quanto tempo terá passado desde essas elucubrações? Não consigo prever. De repente, estou de posse de mim novamente e outras lembranças me acodem sem cerimônia. Preciso pensar. Alguma coisa me diz que não sairei deste estado de consciência/inconsciência, realidade/quimera, antes de lembrar tudo o que tem de ser lembrado. Rendo-me e me esforço para dar passagem às tais lembranças. Quem sabe junto, disfarçada, vem aquela que busco, a que quero mais do que tudo trazer ao consciente e que brinca de esconde-esconde comigo?

Eu me tornara:
Uma mistura de passado e presente.
Ser e não ser.
Uno e dual.
Sanidade e loucura...
Não sei quantas noites vieram e se foram sem que eu conseguisse dormir. Novamente a lembrança daquele julgamento se apossou de mim. Apassivei minha alma e pude recordar com intensidade os ensinamentos do Divino Crucificado. Apesar do tempo, tenho a imagem daquele Rabi vivo em minha mente. Apesar do meu repúdio, Ele está sempre presente.

Capítulo VII

Muito tarde compreendi que Ele é o caminho

"Ninguém vai ao Pai, senão por mim."

(Evangelho de Jesus – João, 14:6)

Os crucificados de compleição robusta não morriam logo, infelizmente. Ficavam gemendo, gritando, amaldiçoando, tentando em vão espantar as aves de rapina que os vinham devorar ainda em vida, as moscas famélicas que se refestelavam nas feridas abertas... Depois a sede. A fome. A exaustão dos sentidos faziam-nos delirar. Por que esperar pelos tormentos do inferno? Já não os estavam vivendo?

De quando em quando se ouvia uma prece. Não importava se era dirigida aos deuses romanos ou ao Deus invisível do Judaísmo. Era arrancada do fundo do coração. Então, um corpo se estertorava e a alma se desprendia.

Algumas vezes, quando ainda encarnado, eu passava por alguns desses crucificados que imploravam por um pouco de água. Embora pudesse atendê-los, não o fazia. Por piedade. Sim, piedade, pois se lhes desse de beber, a vida seria prolongada e o sofrimento também. Assim pensava e agia. Nunca imaginei que um dia eu também olhasse o mundo do alto de uma cruz.

Algo vai acontecer, adverte-me a sensibilidade. Procuro me acalmar. Não sinto mais as dores lancinantes da crucificação — exceto quando as relembro –, mas estou muito longe de estar confortável. Procuro orar a Jesus... Lembro o dia de Sua dor. Inclino-me até o chão. Choro. Ele é realmente o Messias prometido.

Um vento forte zunindo nos meus ouvidos me arremete ao Morro das Caveiras. Vejo o povo como um bando de abutres que espera o momento de se saciar. Alguns discutem. A maioria está de acordo com a sentença, mas alguns poucos estão contra tal arbitrariedade. Mas se calam. Há soldados por todos os lados. Acompanho perplexo tal cortejo. É o Rabi Jesus que caminha para Seu martírio. Vejo-O dobrado sob o peso da cruz. Vejo alguns dos Seus discípulos. Estão amedrontados. Acompanham de longe, como se nada tivessem a ver com tudo aquilo. Muitos deles já haviam fugido para longe dali, levando o medo e a dúvida. Muitos contavam, à boca miúda, o milagre que Dele tinham recebido. Mas ninguém levantou a voz para defendê-Lo.

A fé ainda era vacilante. O medo da morte os acovardava. E Jesus compreendia. Nenhuma acusação. Nenhuma revolta. Sabia que o fruto ainda estava verde. Há tempo de plantar e há tempo de colher.

Na minha rudeza espiritual posso compreender que Ele é, realmente, o caminho, mas ainda e sempre me pergunto por que Deus O havia deixado padecer nas mãos imundas do poder político, dos dignitários nefastos do tribunal judaico que o conduziram a Pôncio Pilatos depois de um julgamento irregular e torpe, segundo voz corrente.

Bem sei que tudo obedece a um ritmo divino defeso ao meu entendimento. Posso compreender minha incompreensão. Abarcar, hoje, tudo o que Deus significa é admitir que o infinitamente maior coubesse no infinitamente menor e que o macrocosmo se aloje em um canto do microcosmo. O maior está, de certo modo, no menor, pois hoje sei que Deus está em tudo, mas é preciso desenvolver capacitação para senti-Lo. É preciso que a harpa não distorça os sons. Ainda sou o verme que rasteja, mas sei que um dia levantarei voo do charco e ganharei alturas. Quem me assopra tais pensamentos? Será que o anjo está perto ou distante? Constituirá a imensidão cósmica uma barreira para as criaturas angelicais se comunicarem?

Vejo, também, nesse cortejo, mulheres chorando. Algumas pessoas a exibirem máscara de profundo abatimento e perplexidade, arrancando os cabelos e se lamentando. Outras rindo. Debochando. Vejo a cara espantada do medo. Ouço conversas sussurradas. Homens saindo no meio da noite com alguma incumbência inadiável. O látego dos soldados romanos lambe o corpo daqueles que se aproximavam em demasia. Sinto-me como espectador de um filme macabro. Não posso mudar o que já é passado...

Afasto-me do povaréu. Não quero presenciar tais cenas. Mas mudo apenas de lugar, pois a figura majestosa do Rabi injustiçado, caindo e se levantando ao peso da cruz, me vem à mente e me faz tremer de emoção. Lembro os amigos que O acompanhavam, algumas pessoas que haviam sido curadas por Ele; que O receberam em suas casas, tão felizes como se estivessem hospedando o próprio Deus. Todavia, não me lembro de ter visto nenhum desses caminhando ao lado Dele, dividindo com Ele a dor. Reconfortando--O. Relembro, ainda, a sanha daqueles que O haviam levado ao sacrifício. Posso, agora, adentrar seus corações empedernidos. Lá só vejo ruindade, desejo pelas coisas do mundo, ilusões efêmeras. Poderei censurá--los? Infelizmente não sou melhor do que eles.

Os sacerdotes... O sumo sacerdote... Os altos dignitários estimulavam a submissão e o fanatismo daquele povo. Faziam-no acreditar que eram os intermediários entre a Divindade e eles. Falavam de um Céu colorido, mas tinham os pés bem fincados no preto e branco da vida terrena. Pregavam uma coisa, mas viviam outra.

E eram arrogantes em suas roupas luxuosas, em seus palácios adornados e repletos de fâmulos. Tudo sustentado por aquela gente fanática. À custa do suor dela, que acreditava que eles eram os eleitos e que, por isso mesmo, agraciados por merecidos privilégios. E dessa ignorância se valia o Templo para se locupletar dos bens da vida terrena. Rolos e rolos das leis de Moisés eram lidos e discutidos. Horas de discussão estéril eram gastas e não saíam do patamar egoísta e egotista. Pregavam ao povo carente um céu, mas tinham os próprios pés bem pregados no solo árido das ilusões terrenas.

Só bem mais tarde pude compreender a extensão e o real significado dos "túmulos caiados" a que se referiu, um dia, Jesus. Não podia, portanto, condenar os sacerdotes e autoridades judaicas. "Túmulos caiados..." Eu também fora um.

E aquele Rabi prosseguia no Seu martírio. E Seu martírio começava a ser o meu martírio. Queria gritar e me calava. Queria culpar Roma, o poder do Judaísmo, conseguido por alianças políticas; seus sacerdotes; o delator de Jesus; o povo ignaro e cruel que preferira salvar um delinquente ao Rabi Jesus. Mas... também eu era um poço de incoerências. Como extrair mel de pedras? Como ansiar paz e entendimento de uma hora para outra? Eu também não ouvira Suas palavras? E o que fizera eu? Nada. Achava-o ingênuo em acreditar que poderia melhorar o mundo. Achava bom para os outros, mas não para mim; bonito na teoria, mas impraticável. O fruto estava ainda muito verde...

Involução.

Evolução.

Transformação.

Várias existências, uma só vida eterna. Tropeços. Recomeçar... Recomeçar... Recomeçar...

Por um momento, meu coração sossegou. Relembrei o bondoso cirineu que O ajudou a carregar a cruz. Destacou-se da multidão. Não pensou em mais nada senão em dar sua ajuda e amparar o necessitado. Lembro-me de que àquela época (hoje contemplo o passado) também tive vontade de fazê-lo, mas não ousei. Fui covarde. Equivocara-me com os verdadeiros valores. Tive medo de me comprometer com tudo aquilo. Não quis desagradar à soldadesca romana, aos sacerdotes pomposos do Judaísmo que, finalmente, conseguiram se livrar Daquele que temiam, porque Ele conscientizava as massas; porque substituíra o dente por dente, olho por olho de Moisés, pelo perdão aos inimigos; pelo amai a Deus sobre todas as coisas e ao próximo como a si mesmo.

Haviam, enfim, livrado o Judaísmo de um messias simples, sem títulos, sem exército; que nada possuía de grandezas materiais; um salvador de almas... Não! Não queriam um salvador de almas, mas, sim, um sanguinário guerreiro que fulminasse todo opressor e que alimentasse seus desejos, seu poderio, suas questiúnculas, suas eternas rixas.

Era de um Messias nacional que eles necessitavam, mas, ratifico, de um Messias poderoso que, com seus exércitos de anjos, fulminasse o inimigo e os colocasse no topo do poder mundano. E Jesus pregava a igualdade entre todos, a simplicidade, o amor. Este Messias apresentava ao mundo um Deus de Amor e de perdão. E isso, absolutamente, não lhes convinha.

Capítulo VIII

Ninguém caminha só

Caprichos da mente.

Glórias efêmeras, cofres abarrotados, *status* social... Que valia tem tudo isso diante da morte?

Pergunto-me por que não posso saber tudo de uma vez a respeito de mim mesmo. É como se, após chegar à minha casa, encontrasse a porta fechada. Como se eu e eu fôssemos pessoas diferentes; como se um não pudesse saber do outro.

Quando, após inúmeras tentativas tentando acionar a mente ela me brindava com alguma nota elucidativa, imediatamente tal nota se apagava antes que eu tivesse o menor controle sobre isso. Era apagada antes que eu pudesse fazer o reconhecimento. Loucura.

De repente, aos poucos e independente de minha vontade, a porta vai se abrindo... O passado retornando novamente. Um passado que vai surgindo dolorido. Tímido. Retirado a fórceps. Como um bandido que foge da cela e se esquiva, desconfiado, a cada passo. Sei que devo aproveitar o momento, porque ele pode desaparecer sem dar nenhuma explicação.

O anjo bom está próximo de mim e me diz:

— Lamentaste por não ter compreendido o Mestre dos mestres enquanto estiveste tanto tempo ao lado Dele, não é mesmo?

— Sim. Lamento muito.

Meu falar é um réquiem a mim mesmo.

— Você está em desarmonia. Venha comigo.

Obedeço. Mesmo que não quisesse sinto-me impotente para contrariar. Há muito minha alma parece quedar-se em uma atmosfera para mim desconhecida.

Estou incomodado porque não consigo enxergar quem assim me fala. Só consigo ouvi-lo, mas imagino que seja o amigo que me assessora nesta volta ao passado. Talvez seja a confusão mental que me impeça de vê-lo. Depois me desespero. Terei enceguecido?

Fui levado a repousar em um posto assistencial para recém-desencarnados, localizado não distante de onde estou. Não sei quanto tempo ali permaneci. Fiz uma espécie de sonoterapia. Mesmo assim, depois que acordei, não consegui lembrar inteiramente meu passado. O que eu fizera? Por que fora acusado. Os *flashes* sempre se insinuavam e depois fugiam antes de se revelarem. Tudo o que se referia ao passado recente exibia-se irritantemente recortado. Envolto em neblina. As recordações vinham deslizando embaralhadas. Confusas. Retardatárias. Enroscando-se em cercas invisíveis. Fiapos que se desfaziam antes de chegar à consciência.

Quanto tempo transcorreu não sei dizer. Um dia ouvi a voz:

— Está se sentindo melhor?

— Sim, embora como um semidesmemoriado.

— Não se preocupe. Isso vai melhorar. Vamos hoje fazer um passeio bem interessante. — E me toma as mãos.

Desdobro-me em esforços para enxergar quem assim me fala e me conduz. Quero me certificar de que não estou cego e de que estou apenas vivendo em duas dimensões. O dono da voz percebe meu esforço:

— Salvatore, meu amigo. Não se canse tanto em querer me ver. Claro que você não está cego. Confie em mim, tudo logo vai passar e você poderá me ver. Guarde sua energia para quando precisar.

Outro remédio não há senão obedecer. Não sei se é dia ou noite. Sinto frio e um vazio no estômago. Parece que estamos viajando com muita rapidez. As nuvens passam deixando umidade no ar.

Estamos em um veículo por mim desconhecido. Surpreso, vejo as quatro cruzes! Não sei explicar como, mas elas parecem seguir comigo: A do Rabi Jesus, que brilha intensamente, a dos dois ladrões que permanecem escuras, e a minha, estriada de sangue.

Consigo visualizar boa parte do morro, ouvir gemidos, vislumbrar fantasmas, identificar a cidade das glórias passageiras e ilusórias, os palácios dos poderosos, o colossal Templo... Mas tudo se vai tornando apenas um ponto no espaço. Tudo, que antes era tão grandioso, não passa agora de um ponto distante. Desimportante. Mas choro e riso ainda permanecem no éter. E a imensidão desnuda me assusta. Quero me curvar diante da grandiosidade do espaço cósmico. Diante do Criador de tudo isso! Estou ciente de minha insignificância, mas, paradoxalmente, minha essência é divina. Minha alma tem sede e se demora a saciar.

Sinto vergonha. Muita vergonha. Vergonha de saber que tenho orgulhos, preconceitos, vaidades... Sou um verminho que pensa e anda, mas que ousa pisar em outros verminhos tão insignificantes quanto ele mesmo.

Corpos celestes passam por mim. Formidáveis! Tanta claridade... Tanta luz e eu me quedo na escuridão! Lágrimas me sufocam. Mas ainda não são lágrimas redentoras, são lágrimas de revolta pela impotência que me ata as mãos.

Os planetas rodopiam em suas órbitas. O sol ferve e manda seus raios agasalhar a Terra; não deixar a vida morrer. Há que oferecer condições para a sobrevivência da Humanidade ignara.

Diante de meu mutismo, o anjo me diz que somente por meio de existência após existência pode a Humanidade crescer e compreender Seu Criador. Diz mais: Que hoje nossa mente não está programada para entender a grandiosidade desse Pai. Nela não cabe a compreensão do Infinito. Deus está em nós, mas precisamos desenvolver condições para vê-Lo... Senti-Lo... Enquanto tal não se dá, os corações permanecem gelados. Insensíveis. Dominadores.

Viro-me em direção da voz:

— Não tenho palavras para dizer do meu espanto... Tenho vontade de me ajoelhar e orar, mas será que serei ouvido?

— As aves do Céu são menores do que você, do que eu... E Deus as ouve...

Concordo. Tento orar. Tenho por altar a imensidão cósmica; por confessor, Jesus. Tenho um Pai eterno do qual sou herdeiro. Sinto que um brando calor me envolve e me aquieto como uma criança que sente a proteção da mãe. Pela primeira vez consigo chorar. Não o choro dos minutos antes, o da revolta, da impotência, mas o choro de felicidade e do desafogo. Eu, que nada fiz, consigo tamanha felicidade.

Penso naqueles que souberam viver bem, que não caíram tanto quanto eu caí.

Já agora as lembranças conseguem se desenroscar das cercas invisíveis e, para compensar a indelicadeza do esquecimento, vêm em cascatas sonoras e esclarecedoras.

— Não te detenhas no passado, Salvatore. Aqui, tudo é presente. Relembrar coisas dolorosas só é válido para aprender a evitá-las mais tarde. Para crescer. O tempo passado só serve como experiência, mas o futuro ainda está por chegar. Quando ele passar novamente por ti, agarra-o. Não tenhas medo de vivenciar novas e necessárias experiências.

Achei coerência. O tempo é sempre o tempo. Hoje, ontem, amanhã... Tudo é presente da imensidão cósmica. Ele não passa por nós, nós é que passamos por ele...

Capítulo IX

De volta aos pés da quarta cruz

A emoção da volta abre a porta dos fundos de minha alma.

De repente senti um baque e, quando dei por mim, estava em um lugar muito meu conhecido. Olhei, espantado, ao redor. Havia voltado ao lugar de minha crucificação?! Estava, realmente, no Gólgota, ou tudo não passava de alucinação? De mais um truque da minha mente? Mas eu já estivera ali não fazia muito tempo... Vira Jesus dobrar-se ao peso da cruz... o povo alucinado... Ou não estivera? Teria assistido a alguma montagem fluídica e tomara o irreal pelo real?

"Não importa. Se estou aqui novamente deve haver alguma razão."

Era noite em Jerusalém e a cidade dormia. O tempo estava quente e abafado, como o que precede a uma borrasca. Agucei meus ouvidos. Agora podia ouvir sussurros ainda que a distância. Todos os meus órgãos — exceto a memória — estavam revitalizados.

Lembrei-me do amigo que me norteava os passos. Chamei por ele em pensamento, mas o que continuei ouvindo foram as vozes alteradas que chegavam sempre mais perto... mais perto... mais perto.

— Por aqui — disse alguém.

Agora podia vê-los. O da frente carregava um archote. Pararam bem rente a mim e, claro, não me viram, pois eram criaturas ainda encarnadas. Respirávamos em dimensões diferentes. Veria, agora, as cenas finais? A lembrança que avidamente buscava? Aquela que não aflorara da primeira vez, quando realmente voltei a viver quase toda a minha última encarnação? Imaginei que sim. Mas estava enganado. As cenas eram outras.

O que parecia liderar levantou o archote de fogo avermelhado. Um clarão tapizou pequena extensão do morro. O suficiente para vislumbrar uma tosca cruz. A quarta cruz das minhas lembranças! A minha cruz! Ó, meu Deus! Eu voltava ao lugar onde havia expirado no maior sofrimento que já conheci. Comecei a me sentir mal. A cabeça principiou a rodar. Meus membros superiores, qual carro acidentado, davam a impressão de partir-se em alguns pontos. Podia ouvir o estalar dos meus ossos, o desconforto... O engulho... A sede... Terrível! Naquele momento gostaria de nunca ter nascido. Depois, me vi esbravejando, clamando por nossos deuses que se mantinham surdos, cegos e indiferentes. Naquele momento final, não me lembrei de me dirigir com humildade ao verdadeiro Pai, suplicar ao Rabi Jesus que, malgrado minha vontade, aprendera a amar. E como minha alma demorava-se a abandonar o corpo maltratado!

Por alguns instantes senti-me desmaiar. Felizmente, dei-me conta de que tudo já ficara nos labirintos do passado e consegui me reequilibrar. Nada mais poderia ser feito. Nada mudaria o que já fora redigido no livro de minha vida. De repente, assustei-me:

— Pelos deuses! Todos me pagarão por isso!

Um dos homens amaldiçoava quem me fizera aquilo. Curioso, olhei-o. Quem se importava ainda comigo? Quem compartilhava meu sofrimento?

À luz do archote pude reconhecê-lo. Era Vincenzzo, um quase irmão meu. Havíamos passado a infância juntos e éramos inseparáveis. Só agora me lembrava dele.

Senti-me como a planta ressequida que recebe o orvalho da manhã.

"Vincenzzo! Querido amigo. Bem sabia que você não me abandonaria."

Aproximei-me dele e o abracei efusivamente. Ele, de alguma forma, sentiu minha presença espiritual, pois estremeceu e deblaterou:

"Malditos! Por todos os deuses do Olimpo, isso não vai ficar assim! Hei de te vingar, Salvatore! Ainda que demore toda minha vida, isso não ficará impune".

E continuou a resmungar maldições sobre Nicathor. Nicathor?! Quem era Nicathor? Onde eu já ouvira tal nome?

E um gosto amargo de ódio tornou-me a existência ainda mais miserável. A lembrança rebelde que brincava de esconde-esconde havia se cansado e se deixou capturar. Quantas mais haveria assim amotinadas?

Imediatamente senti que as feras, que eu até ali conseguira manter acorrentadas pelo esquecimento, soltavam-se sanhudas e sanguinárias.

Difícil redenção.

Difícil expurgo do mal.

Difícil religação...

O céu que se abria tornava a se fechar. A aurora que surgia, anunciando a luz, cobria-se com o manto negro da ira, do ódio, do inconformismo.

Como a animalidade se demora em nós! Com que ímpeto ela volta e nos segura e nos condiciona e nos faz de marionetes... Então, compreendi que aquele esquecimento temporário fora uma bênção. Uma bênção incompreendida. Estivera me fortalecendo para poder enfrentar a realidade. E que realidade, meu Deus!

Sim... mais um departamento do meu inconsciente se abria. E outro. Mais outro... Até que, finalmente, consegui lembrar a razão da minha crucificação. Infeliz de mim que já ofuscara com minha revolta a pequena luz que, timidamente, despontava. Seus primeiros raios tímidos voltaram a se refugiar nos escaninhos da alma equivocada. Infeliz de mim que agora recordava o amor frustrado. Rebeca... onde estaria ela? Rebecaaaaaaa, gritei. Só o eco me respondeu: Rebecaaaaaaaaaa.... Em seguida ouvi risos, maldições, como se tivesse aberto as portas do averno![5]

Tive vergonha de mim mesmo. Portei-me como um bebê manhoso que chora para conseguir o que quer. O que não diria "a voz"? Procurei me acalmar e novas lembranças se me afloraram: Nicathor era o irmão mais velho de minha amada Rebeca. E era judeu. Não qualquer judeu. Era um fanático. Inimigo de quem não tivesse Moisés por profeta e a Torá por livro de cabeceira. Odiava o povo romano que tivera a petulância de escravizar o povo de Deus. Odiava-me.

---

[5] O inferno

Quando soube que eu e Rebeca nos amávamos, foi tomado de uma cólera brutal. Proibiu que continuássemos a nos ver. Rebeca já estava prometida a um primo dela, um verdadeiro judeu, como Nicathor dizia. Nada no mundo faria com que ele mudasse de ideia e aceitasse um romano vulgar e politeísta por marido de sua irmã e, portanto, com a terrível consequência de gerar impuros.

Não imaginei que fosse tão difícil dobrar-lhe a cerviz. Afinal, eu era um cidadão romano! Bem-sucedido. Tinha meu próprio negócio. Mas não! Isso para ele não contava. Ele não cedeu diante de nada!

Argumentei. Desesperei-me. Choramos, eu e Rebeca. De nada adiantou. Nicathor era responsável por ela e pelos demais irmãos, uma vez que o pai havia falecido há muito tempo e ele era o primogênito. Ele, como primogênito e cabeça da família, tinha poderes ilimitados. Sua mãe, embora fosse simpática à causa da filha, não tivera coragem de interceder por nós. Ficou como ficavam quase todas as mulheres judias: Silenciosas. Submissas. Conformadas...

Ainda agora, ao me lembrar de Rebeca, um gosto amargo de derrota me vem à boca, uma frustração obsedante me enfurece. E a revolta me torna pesado como se eu usasse uma armadura medieval.

Rebeca não era um primor de beleza, mas qual feiticeira encantava a todos os que com ela conviviam. Não tinha o fanatismo dos seus. Muito ao contrário, repreendia-os delicadamente pela intolerância que percebia neles. Amava aquele seu Deus invisível, mas respeitava os nossos deuses romanos. Compreendia-nos.

Era culta, coisa muito rara entre as mulheres, judias ou não, de sua época. Ao contrário do irmão, nutria pelo povo romano um carinho que não escondia de ninguém. Trabalhava na casa de uma família romana ilustre e honrada. Quem não a conhecesse a tomaria por uma romana, pois tudo fazia para vestir-se e se enfeitar como as romanas. Era, por isso, menosprezada por muitos de seus iguais. As poucas amizades que possuía eram sinceras e, a bem da verdade, conseguira mudar o pensamento religioso de algumas amigas mais chegadas e enfurecer os homens com seu discurso de igualdade entre todos, àquela época, considerado absurdo. Com sua meiguice conquistara a matrona romana, que passou a ver nela a filha que não tivera. Ali se instruíra, pois tinha acesso aos livros que quisesse e à orientação da ilustre dama romana.

Minha amada chegara a ouvir comigo, certa ocasião, uma das pregações de Jesus. Impressionara-se vivamente, mas nem de leve desconfiou de que se tratava do Messias esperado há tanto tempo pelo seu povo.

Conhecemo-nos em um dia de festa, na qual muitos holocaustos eram oferecidos no grande Templo judaico. Parecia uma festa em que até os mais simples ofereciam o que tinham de melhor. E saíam felizes, certos de que agradaram ao seu Deus. Depois voltavam ao cotidiano, às suas quizilas e maneiras peculiares.

Eu estava no pátio dos gentios. Na ocasião seguia o Rabi Jesus a pedido de uma autoridade da fortaleza Antonia. Ao mesmo tempo, um sacerdote menor do Templo também me procurou e me incumbiu do mesmo serviço. Ganharia um bom dinheiro. Isso, a meu ver, facilitaria meu romance com Rebeca. O trabalho a mais seria fazer dois relatórios. Muito conveniente. Isso se deu antes de eu conhecer e passar a admirar aquele Rabi.

Ainda admirado pela opulência daquele Templo, seguia meu caminho. Meditava se seria correto o que estava fazendo. Jamais gostei do serviço de um delator, mas a influência judaica estava tomando conta de Roma e eu contava converter Rebeca à minha fé.

O sumo sacerdote tinha quase tantos poderes quanto o César romano. As judias eram ótimas procriadoras. Alguém teria de fazer alguma coisa, caso contrário os escravos superariam os romanos criando um problema social muito sério. Pelo menos era assim que sossegava minha consciência.

Quando conheci Rebeca foi como se meu coração só tivesse despertado naquele momento. Ela me olhou e daqueles olhos jamais me afastei. Ficamos cativos um do outro. A religião passou a ser algo desimportante para nós. Rebeca estava longe de ser fanática como seu povo, contudo, não mais a convidei para me acompanhar às preleções do Rabi.

Passávamos horas a conversar. Fui visitá-la na casa de sua senhora. E nosso amor foi crescendo a ponto de não podermos passar um dia sem nos ver. Nunca lhe contei que fazia o feio serviço de delator, nem que passei a admirar aquele Jesus tão incompreendido.

Algumas vezes ela me falava com brilho no olhar do seu Deus invisível. Eu lhe falava dos nossos deuses romanos. Quanto aos sacrifícios, expus-lhe o meu ponto de vista: não acreditava que deuses precisassem de coisas materiais. Mesmo aos meus deuses domésticos jamais fiz oferendas. Saturava-os, isso sim, com pedidos. Eles deveriam me atender sem pagamento algum, pois que para isso eram deuses.

Ela, então, confidenciou-me que há muito vinha questionando esses sacrifícios oferecidos a Deus, que não conseguia entender por que Ele precisava deles. Se Ele, Deus, já tinha tudo, que necessidade teria de onerar ainda mais o povo com a obrigação das oferendas? Por que tantas taxas a pagar ao Templo se as de César já eram tão pesadas? E o Messias esperado? Por que tanto se demorava?

Ela não sabia que Ele já estava entre eles e, tal seu povo, continuava a esperar. Era muito comum o aparecimento regular de "Messias", anunciando-lhes a salvação e a liberdade, de forma que Jesus era apenas mais um.

Os profetas da Antiguidade afirmavam que Ele viria para salvar o povo hebreu do cativeiro. Mas Seu povo continuava sempre, ora escravo de um, ora de outro país. Onde a terra prometida? Aquela que jorrava leite e mel? Não havia seu povo, no passado, perambulado pelo deserto por mais de uma geração? E Moisés? O que fora realmente Moisés para os hebreus? Tirou-os, é bem verdade, da escravidão no Egito, mas não continuaram após escravos de outros? Não eram escravos do próprio Templo que os escorchava de impostos? Não era a casa de seu Deus, o Templo judaico, uma boca famélica a exigir sempre mais e mais?

Um dia, logo após a crucificação Daquele justo, Rebeca me levou para longe de ouvidos indiscretos e me falou:

— Diga-me, Salvatore, você não acha que aquele crucificado, o Rabi Nazareno Jesus, tinha alguma coisa de especial? Muitos afirmam que Ele pode ter sido realmente o Messias falado pelos profetas. Vi-O e O ouvi apenas uma vez, e meu coração bateu de forma diferente... Sinto não tê-Lo ouvido mais...

— Minha querida Rebeca. Com todo o respeito que tenho pelo seu povo, devo lhe dizer que essa história de um Messias que virá salvar a nação judaica... um Messias nacional que elevará sua nação aos píncaros da glória... pode ser um sonho romântico. Algo assim, que compensasse a escravidão. Você mesma me disse que seu povo vive de sonhos, que o dia que ele não tiver mais sonhos não poderá mais sobreviver...

— Entendo e compartilho sua opinião. Você sabe que não vejo a questão religiosa do meu povo com esse excesso de particularidades, de privilégios.

— Você sabe que eu segui Jesus por muito tempo e sempre me impressionava com Ele. Mas tudo o que pregava não era possível. Não neste mundo. Também você, quando O conheceu, ficou impressionada, bem sei.

Rebeca concordou. Seus olhos, negros como o ébano, cintilaram com lágrimas que não caíram.

— Eu estive muito tempo a sondá-Lo. Queria certificar-me de que Ele não era nenhum perigo para Roma, para nossa instituição governamental. Depois de conhecê-Lo melhor, relaxei as investigações. Ele era manso e cordato. Jamais faria mal a quem quer que fosse.

Nesse dia, ela estava levando sua pomba para o Templo. Eu seguia com ela, preocupado, porque temia que Nicathor nos visse juntos. Ele já havia proibido e feito ameaças.

Então, um pensamento atrevido e delicioso ocorreu-me. Antes que ela entrasse no pátio das mulheres, conduzi-a para um lugar assombreado. Tomei suas mãos entre as minhas. Ela estava trêmula. Não tínhamos o hábito de nos tocarmos. Àquele contato, um frêmito de prazer me percorreu o corpo. Ela suspirou e abaixou a cabeça, encabulada. Eu me senti ébrio. Rebeca era tudo o que eu mais queria naquele momento. Estreitei-a, pela vez primeira, de encontro ao peito. Porém, eu não era o único a estar perdido de amores por ela. Ariston, um grego já em idade bem avançada, mais de uma vez mostrou seu ódio ao nos ver juntos. Foi ele quem nos delatou a Nicathor.

Percebi que ele havia nos seguido até ali, disfarçando quando eu o olhava. Depois saiu pisando duro.

A pequena ave, olhos vermelhos e inquietos, nos fitava e ameaçou fugir das mãos que a retinham. Em tempo Rebeca se lembrou do sacrifício que deveria oferecer. Desvencilhou-se de meus braços e adentrou o Templo.

Então... Nicathor surgiu das sombras.

Capítulo X

Crucificado por amar Rebeca

O determinismo no nosso "destino" é uma visão distorcida da realidade.

Rebeca já havia se afastado, ligeira e feliz com sua oferenda. Eu fiquei paralisado pela indecisão. Gostaria que minha alma tivesse uma saída pelos fundos para fugir sem ser visto. Estava acovardado. Amedrontado. Aquele judeu feroz em seu fanatismo poderia apagar para sempre a esperança em meu coração.

Mesmo assim tentei dialogar, mas ele falou algumas palavras em um dialeto que eu não entendi bem. Depois cuspiu com arrogância. Era esse o gesto comum entre os judeus quando queriam mostrar desprezo por alguém. E ele me desprezava.

De repente, eu estava totalmente subjugado. Literalmente rendido. Nada mais vi, então. Quando voltei a mim, Nicathor estava discutindo com Ariston. Assombrado, reconheci que estávamos em um lugar isolado no Gólgota. Quanto tempo havia passado? Que pretendiam aqueles dois loucos?! Tive tanto medo que não pude conter a urina que, quente, se me escorreu pelas pernas.

— Você bem sabe, Ariston, que matar é contra a Lei. Contra a Torá e consequentemente contra Moisés. *"Não matarás"*, ele recomendou.

— Por que não pensou nisso antes, Nicathor? Agora não podemos deixá-lo vivo. Ele tem alguns amigos influentes que podem nos botar a perder. E, como você bem viu, se não o matarmos, ele arruinará sua irmã. Você terá sangue impuro no meio de seu povo. Será excluído do rol dos eleitos. Rebeca passará a ser uma idólatra como ele e, segundo o que você acredita, não adentrará o reino de seu Deus invisível.

Nicathor resmungou algo. Depois, falando mais a si mesmo, disse:

— Rebeca é a esperança de minha família. O Messias que deverá vir nos salvar poderá nascer, segundo as profecias, de qualquer mulher judia de sangue puro. Nossa família pertence a uma linhagem importante. Rebeca deverá se casar com um judeu... Talvez o salvador venha a ser meu parente bem próximo. Então...

Nicathor, como a grande maioria do povo judeu, ainda não sabia que o seu Messias já havia nascido, terminado Sua missão e, há tão poucos meses, fora crucificado.

Ariston deu uma gargalhada nervosa:

— Pois então! O que estamos esperando?

Tentei escapar, mas estava fortemente amarrado. Quanto mais me debatia, mais a corda se aprofundava em minhas carnes. Comecei a temer o pior. Senti o sangue gelar em minhas veias e a cabeça a latejar na impotência. Senti que a Libitina[6] se aproximava para me levar ao Averno.

[6] A morte

— Então você, que não é judeu, o mata. Eu não posso transgredir a Lei. Agora vou indo... — ouvi Nicathor dizer.

Antes que ele terminasse de falar, Ariston esbravejou:

— Vai me deixar aqui no morro, sozinho? Que faço deste desgraçado romano? Ora essa! A ideia foi sua!

Nicathor, sem se virar:

— Liberte-o.

— Nunca!

Naquele momento comecei a tremer de forma incontrolável. Quisera que Jesus estivesse ali. Por que pensei Nele? Por que os deuses frios de meu povo me pareceram figuras sem vida, distantes e indiferentes? Mas eu havia cavado um fosso muito profundo entre mim e ele. Havia me equivocado quanto aos verdadeiros valores, desprezado a luz e abraçado a treva... E romper com meus preconceitos, ainda que tardiamente, era tarefa grande demais para mim.

Nicathor, a meio caminho, voltou:

— Então... espere aí... posso lhe mandar alguns homens não judeus. Eles terão prazer em ajudar a pregar este pretensioso em uma cruz. Afinal, não é tão do agrado dos romanos a morte na cruz? Terão uma diversão a mais, afinal.

E riu, sarcástico. Senti que estava mesmo perdido. Ah, pudesse eu voltar no tempo... Rebeca... voltaria a vê-la?

Ariston outro jeito não teve que não esperar os tais homens. Sozinho, ele me chutou várias vezes e me ofendeu com palavras grosseiras. Se eu estivesse em outras condições haveria de lhe fazer muito mais só por saber que ele desejava minha Rebeca. De repente, lembrei-me de um dos ensinamentos de Jesus: *"Não faça ao outro o que não quer para si mesmo"*. Mas confesso que, se não estivesse impossibilitado, não me incomodaria em sofrer as consequências desde que ele também as sofresse.

Tentei lhe falar com energia, prometi-lhe dinheiro, posição, inventei bens que não possuía, afirmando que daria tudo a ele, se ganhasse a liberdade. Que poderia eu perder, agora? Já estava condenado. Via a aproximação da morte com seus olhos vazados, suas mãos esqueléticas, a foice afiada encostada no meu pescoço. De todas as dores, a lembrança de Rebeca, que eu fatalmente perderia para sempre, era a mais angustiante.

Ariston, estranhamente, me deixou falar. Percebi que ele não estava feliz. Talvez tenha sentido que a vingança não tinha o sabor doce como diziam. Certamente também relembrasse o Rabi dos judeus...

Os homens chegaram acompanhados de Nicathor. Já traziam uma cruz. Desesperei-me. Inúteis foram as rogativas. As ameaças. As promessas. Prenderam-me àquela cruz. — "Romano ou não, você vai morrer como um cão idólatra" — disse um homem de semblante rude.

Por algum escrúpulo qualquer, eles não vararam meus pulsos e pés com pregos, mas nem por isso a dor foi menor. A corda fortemente apertada, o corpo arriado, as têmporas latejantes, tudo estalando dentro de mim... Mas a dor maior era saber que havia perdido para sempre minha doce Rebeca, que a deixava à mercê de um irmão fanático e de um grego sem escrúpulos.

Nos meus ouvidos ficaram gravadas as palavras cruéis de Nicathor:

— "Romano idólatra e pretensioso. Nunca mais vai voltar seus imundos olhos para uma judia. Rebeca terá de fazer a purificação no Templo pelo contato que teve com você. Meu prejuízo será grande. Nem sei se ela poderá, ainda, ser postulante à mãe do Messias".

Diante do mergulho para os confins da morte, não tive o menor orgulho: mais uma vez implorei perdão. Disse que me afastaria de Rebeca, não sei se cumpriria a promessa, mas, naquele momento, prometi. E até tive coragem de mentir que o que nos unia era uma amizade fraterna. Prometi mais. Prometi que usaria todo o meu prestígio com os amigos do imperador para favorecer sua família.

Nada o comoveu. Foi quando senti que meu destino estava selado e que perdera toda a dignidade. Chorei como um nenê. Amaldiçoei-me. Amaldiçoei todo judeu, todo grego, todo cidadão do mundo.

Quanto a Jesus, também mereceu meu desapontamento. Afinal, eu não pedi também a Sua ajuda? Não O tinha livrado de muitas encrencas durante o tempo em que O estive espionando? Então? Não mereceria um pouco mais de consideração? E ousei cobrar dele até os relatórios favoráveis que escrevi propositadamente para não comprometê-Lo e que me valeram a desconfiança do sumo sacerdote.

Foi então que o grego, em um gesto que chamou de piedoso, retirou da cinta um punhal afiado e seccionou uma veia de minha perna. Senti a quentura do sangue escorrendo e a vida me abandonando. Depois o escuro penetrou a minha mente e eu só consegui me desvencilhar daquele corpo que fora meu, após muito tempo. Não sei o que foi feito de Rebeca. Tenho vergonha de pensar o quanto fui fraco diante da morte. Não morri com educação e dignidade. Uivei feito bicho ferido, chorei como bebê faminto...

Sentia-me, agora, aliviado por ter conseguido lembrar essa fase de minha vida, lembrar por que havia sido crucificado, lembrar Rebeca. Mas agora sofria mais ainda, pois a lembrança dela, do nosso frustrado amor, começou a doer. Razão teve o anjo quando me escondeu durante tanto tempo a verdade integral. Também o ódio que senti por Nicathor e Ariston se me reacendeu e azedou ainda mais minha pobre vida. A insatisfação tem peias que impedem nossa liberdade.

Alimentar o ódio é como acalentar uma víbora no próprio peito. O ódio que voltei a sentir me magoava e comecei a me sentir doente. Humilhado. Desvalorizado. E tal revolta inflamou-se ainda mais com as palavras do meu amigo Vincenzzo. O que estaria ele fazendo ali àquelas horas da noite? Como soubera? Como me vingaria?

Procurei uma vez mais pelo anjo bom. Mas ele se fora. Talvez quisesse deixar-me sozinho com minhas lembranças, com minha dor... Há capítulos em nossas vidas que devemos ler sozinhos.

Lembrei o Crucificado judeu. Já O havia perdoado por Ele ter permitido minha crucificação e O busquei. Não. Não foi ilusão. Consegui enxergar Sua cruz no meio de mais duas, a do bom e do mau ladrão. Mas lembrei-me: a de Jesus fora arriada a fim de Lhe retirarem o corpo. Eu mesmo não presenciei quando alguns dos Seus amigos e familiares O levaram morro abaixo, envolto em um lençol? Como poderia estar ali novamente? Estaria vivendo um sonho? Uma lembrança materializada?

De repente, ouvi novamente a voz que me orientava. Assustei-me.

— Desculpe-me se o assusto... — disse, sorrindo, um rapaz de toga romana.

— Ahn... Quem é você? Sua voz... estou reconhecendo.

— Sou Ibrahim Chananyah. Estive todo o tempo acompanhando seus passos. Desde bem antes de Sua crucificação. Agora estamos mais harmonizados e nossa comunicação será mais fácil.

— Eu bem senti... Que alívio conhecer o dono da voz... Agradeço-o muito pelo que está fazendo por mim.

— Agradeça a Jesus, o benfeitor maior da Humanidade.

— Jesus... Então...

— O quê?

— Era realmente o Messias dos hebreus?

— Não só dos hebreus, mas de todos nós. É o salvador de toda a Humanidade.

Fiquei aparvalhado. Estivera caminhando com a fonte e morri de sede? O maior Filho de Deus já existido na Terra estivera aqui e eu não soubera aproveitar o momento.

— E Ele me ajudou, apesar de tudo...

— Ele não falava que devíamos nos amar uns aos outros? Não ensinava que somos todos filhos do mesmo Pai e, portanto, irmãos? Como alguém, com a hierarquia espiritual Dele, poderia guardar mágoas? Magoar-se com a insensatez humana?

— Sim, mas eu, infelizmente, não soube compreendê-Lo. Pior que a miséria do corpo é a miséria da alma. Estive ao lado Dele na condição de espião. Sondando Seus atos.

— Pode estar certo de que Ele sempre soube disso. Soube também que você nunca O delatou às autoridades, que minimizou o quanto pôde as acusações sobre Ele, chegando mesmo a correr riscos. Você ainda não sabia, mas já O amava como O ama hoje.

— Só falei a verdade. Ele nunca me acusou e, no entanto, sabia quem eu era, o que estava fazendo ali. Ao contrário... Seus olhos irradiavam amor. Amor que eu não soube retribuir e compreender. Tenho tanta vergonha...

Ibrahim Chananyah conduziu-me para um banco e nos sentamos. Olhou aquelas pessoas ali reunidas. Elas continuavam falando. Todos, agora, já tinham seus archotes acesos e falavam sem parar. Não haviam chegado a um consenso sobre o assunto que discutiam.

— Ibrahim, meu amigo, acabo de lembrar por que fui crucificado.

— Graças a Deus. Eu já sei o motivo. Mas antes quero me desculpar por ter lhe falado sem ser visto. É que, se me vissem ali, poria em risco a ajuda que precisava lhe oferecer. Seus algozes vigiavam.

— Mas... e depois... naquele posto socorrista... também não consegui vê-lo.

— Porque eu tinha outros deveres urgentes e não podia, naquele momento, estar presente. Falamo-nos a distância. Um dia você compreenderá que o Espírito pode irradiar seu pensamento muito além de si mesmo.

Olhei-me. Senti-me pesado. Um sentimento de tristeza invadiu-me ao perceber o quanto ainda era inferior. Aquele amigo já se livrara das paixões humanas, já utilizava seu corpo perispiritual a ponto de se tornar invisível para nós outros, os ainda grosseiramente materializados. E era belo! Seus olhos claros irradiavam luz e misericórdia. "Será que um dia eu também alcançarei tal altura?"

Ele leu meus pensamentos:

— Caro amigo, a evolução é lei do planeta. Todos evoluiremos para Deus. Dele saímos como fagulhas de luz e para Ele retornaremos como Espíritos eternos. Depende de nós o tempo despendido nesse processo.

— Eu poderia ter evitado tanto sofrimento... Mas um dia quero ser como você.

— Ainda tenho sérias limitações, meu amigo. Estou longe do Espírito purificado. São infinitos os graus evolutivos da criatura, como infinita é a evolução. Quantas formas de vida existem que nós nem sequer desconfiamos? Que nossos olhos não são capazes de ver e nossa inteligência de abarcar?

Compreendi e achei de uma justeza incrível tal realidade. Só podemos ver aqueles que estão abaixo ou no mesmo padrão vibratório nosso. Diferença vibracional. É por espírito de renúncia, por amor, que tais Espíritos se envolvem em matéria grosseira — tal a que, mesmo desencarnados, ainda usamos — para poderem ser vistos quando necessário.

Ibrahim bateu levemente em meu ombro.

— Compreendo, meu amigo. O superior pode ver o inferior, mas a recíproca não é verdadeira. Nossa mente é limitada para entender integralmente a obra do Pai. Mais uma vez lhe agradeço.

— Não sou tão diferente de você, Salvatore, creia-me.

— Não precisa me enganar, Ibrahim.

Ele sorriu e me abraçou. Senti-o como o irmão querido que jamais tive.

— Mas você se referiu aos meus algozes?! Por quê? Ó, meu Deus! Que fiz eu de tão errado? Não me recordo de tudo ainda... Esse vaivém da memória é terrível! Parece que não tenho passado, que sou um livro com várias páginas em branco.

— Acalme-se. Esse esquecimento é temporário. Vê como já se lembrou de muitas coisas?

— Mas quero saber se, além de ter amado uma judia e morrido por isso, ainda tenho outros acertos a fazer?

— Você nada fez de tão grave que merecesse a crucificação. Não nessa existência que acaba de se findar.

— Então... que algozes são esses?

— Algozes desencarnados. Eles julgaram-no culpado e se vingaram. Na verdade, foram os responsáveis maiores pela antipatia que Nicathor sente por você.

Vasculhei minha mente de norte a sul, de leste a oeste e não consegui lembrar nenhum provável inimigo. Novamente minhas lembranças se amotinavam. Ibrahim continuou:

— Se você realmente fosse culpado, eu não poderia tê-lo ajudado. O carrasco liga-se magneticamente às suas vítimas. Não há nenhum privilégio nas Leis Divinas. Devedor e credor sempre estarão ligados até que se findem os débitos.

— Mas se não sou culpado... então há injustiças! Então, pode me explicar por que vim parar aqui?

— Salvatore, você é uma boa pessoa. Claro, ainda não está vestido com a veste nupcial — riu e bateu novamente em meu ombro.

— Veste nupcial?! Não! Claro que não. Minhas vestes são de estamenha, como a desse povo, e mais próprias para as lides do campo do que para um casamento — gracejei para descontrair e mostrar que aprendera alguma coisa com Jesus.

Pela primeira vez consegui rir. Ibrahim também riu, mostrando dentes perfeitos.

— O campo nem sempre está pronto para receber a semente e fazê-la germinar, Salvatore. Para que ela germine há que se tomarem alguns cuidados: fazer o arroteamento para quebrar os torrões compactos, adubar, esperar a bênção da chuva e, principalmente, não permitir que ervas daninhas impeçam seu crescimento e nem que os pássaros a devorem.

Gostava da maneira romântica como Ibrahim Chananyah abordava a questão. Ele conseguia fazer o assunto mais banal transformar-se em poesia. Eu estava grato por sua presença. Ele continuou:

— Você deseja sinceramente trabalhar para Jesus? Deseja adentrar essa porta que é a porta da vida, a porta que conduz a Deus-Pai-Criador? A nenhum trabalhador é negada a bênção do trabalho. Prepare-se, portanto. Não fique aí choramingando como um órfão carente.

— É que... sinto-me incapaz. Talvez não tenha competência alguma para dar minha colaboração nessa lavoura divina. Sou insignificante verme...

Meu jovem amigo riu com gosto antes que eu terminasse de falar. Apontou o indicador em minha direção:

— Você ainda está repleto das manhas dos encarnados. Que quer? Agrados? Ahnn... Coitadinho!

Depois, ainda com ar zombeteiro e com um bom humor invejável:

— Quando encarnados sofremos a limitação imposta pelo corpo material, mas a vida do Espírito é prenhe de conhecimentos e possibilidades. Conhecimentos que muitas vezes ficam arquivados, mas que nunca se perdem. Possibilidades que dependem só da nossa boa vontade. Logo você vai ter acesso a mais alguns de seus arquivos.

Em seguida, contou que tal decisão fora um presente concedido pelos trabalhadores do espaço, da Casa da qual eu saíra para a reencarnação. Antes de para lá retornar, conheceria mais amiúde a maior personalidade que pisou na Terra.

Senti que as lágrimas umedeciam os meus olhos. Não me sentia suficientemente bom para merecer tal presente. Não era falsa modéstia, como poderia pensar meu amigo Ibrahim, o anjo bom do meu caminho.

Ibrahim Chananyah olhou-me e perguntou se eu estava suficientemente forte para viver mais algumas emoções. Disse, com seu habitual sorriso, que nossa programação era extensa.

Atos constantemente repetidos nos levam a caminhar os mesmos caminhos. Já ia arengar novamente sobre minhas limitações, quando ele sorriu.

Entendi seu recado.

— Se ainda não estou, ficarei.

E tentando mostrar coragem disse que ninguém aprende a guerrear se não for à guerra. E aquela era minha guerra particular. Sentia que haveria de me defrontar comigo mesmo, rebuscar todo o meu passado. Espremê-lo. Desentocar meu inconsciente nebuloso e trazê-lo para o consciente. Depois... depois era só fazer o balanço e esperar que a Contabilidade Divina exercesse seu direito.

Ibrahim Chananyah assentiu com a cabeça. Agora estava sério. Depois olhou o céu borrascoso. Nuvens escuras sondavam a Terra e escondiam o sol.

— Vamos. Sente-se bem?

O velho costume humano já me ia levando a fazer novamente algumas queixas e alguma reivindicação, quando me lembrei da gargalhada de Ibrahim e me contive. Também descontraí o rosto já vincado pela aparência de sofrimento. Ahn... Os vícios enraizados!

Ibrahim, que não perdia um só dos meus movimentos, tornou a sorrir.

Minha intenção de mostrar valentia diante de Ibrahim caiu por terra quando Vincenzzo golpeando a cruz a fez vir abaixo. Esbravejou:

— Malditos! Todos hão de pagar por sua morte, Salvatore. Todos!

Vincenzzo era, realmente, um grande amigo. Não sei como soubera de minha morte, pois tudo fora feito às pressas e em segredo.

A fúria com que Vincenzzo golpeava a cruz transtornava seu rosto.

Então, o corpo que nela estava pregado, o meu corpo, ou melhor, o que restara dele, feriu-me a retina espiritual. Recuei, apavorado. Aquilo... tinha sido eu? Meus cabelos... escorridos e duros, lembravam uma lavoura de espinhos ressecados. Meu rosto fora parcialmente destruído, ou melhor, comido pelas aves famintas. Minhas órbitas... vazias! Os ossos quebrados iam deixando cair a carne apodrecida que restava... tostada pelo sol. Temperadas com poeira e lixo... E aquilo fora eu!

Ibrahim Chananyah, novamente, leu meu pensamento:

— Não, amigo! Isso aí não foi você. Isso foi seu. Sua vestimenta para abrigar o verdadeiro Salvatore. Você é o que é agora: Espírito imortal.

Cambaleei. Como um remoinho que chega e vai levando tudo o que encontra pelo caminho, enchi-me de novas e dolorosas recordações. Lembranças que rompiam uma vez mais o cerco e se projetavam impiedosamente sobre mim. Gemi alto e implorei piedade. Mas tudo foi em vão. Ao relembrar a dor, ela voltava. Senti-me novamente sendo crucificado. O demônio da impotência, sem rosto, mas de muitas mãos, subjugava-me.

Ouvi novamente os deboches, as maldições, os risos. A pulsação dolorida nos pulsos fortemente amarrados... as cãibras... a sensação estranha do sangue se esvaindo... a fraqueza... E a revolta voltou com toda a intensidade.

Primeiro foi surpreendendo a mim mesmo. Como se a vida nada mais valesse, como se tudo devesse se fundir no nada; na abstração; no não existir... Depois, aquela lembrança que mais uma vez brincava de esconde-esconde teve um pouco de pena de mim e se mostrou. E vislumbrei Jesus na Sua cruz. Ele estava sereno, apesar de todo o desconforto, de toda dor, de todo desapontamento para com a Humanidade. Não fosse eu tão imaturo e saberia que naquele momento a pior coisa a fazer foi o que fiz: penalizei-me de mim mesmo e me perdi novamente nos equívocos do caminho. Cultuei meu personalismo e atribui-me um valor bem maior do que o real. E meu ego rugiu enganado pelo seu próprio orgulho.

Ibrahim Chananyah aproximou-se de mim. Percebi que novamente não podia vê-lo, apesar de ele já ter rebaixado o seu padrão vibratório a níveis satisfatórios. Havia me distanciado consideravelmente dele enquanto abrigava pensamentos de dor e revolta. Mas ouvi-o dizer:

— Salvatore, onde está a firmeza de momentos atrás?

Mas eu me havia enroscado novamente no limiar do inconsciente e já não tinha certeza de nada. Ah... Como padece o ser que esquece que é filho de quem é...

— Não se entregue com tanta passividade. Corte o fluxo dessas recordações cruéis. Você bem sabe que voltará a senti-las todas as vezes que evocá-las — aconselhou pausadamente aquele amigo.

Mas eu não conseguia deter a torrente de lembranças. E quanto mais lembrava mais sofria e me revoltava. E quanto mais me revoltava mais longe de Ibrahim ficava. Então... a outra cruz brilhou novamente. E continuou brilhando. Jesus não estava mais lá, mas aquela luz clareava todo o Gólgota. Um pouquinho dela penetrou-me e, de repente, a dor desapareceu.

A chuva chegou. E encharcou meu cadáver. E lavou meu rosto. E trouxe silêncio em mim.

Então eu me acalmei definitivamente. Fechei a porta do inferno que involuntariamente abrira. E como o mais valente dos guerreiros fui enxotando a escória da animalidade que tentava me fazer cativo uma vez mais.

Ibrahim se aproximou. Agora que domara minhas feras, começava a vê-lo ainda que difusamente.

Mais uma vez, sem que eu merecesse, Jesus viera em meu auxílio.

Capítulo XI

Recuperando um pouco do passado

Nos desvãos da mente, a memória ressurgia cautelosamente.

Percebi que em determinados momentos eu estivera mergulhado em loucura. Tornei aos fatos dolorosos, pois me haviam devolvido parte do meu passado. Mas desta vez não agasalhei as amargas lembranças. Domei minha mente e a proibi de relembrar tragédias. E vozes, movimentos, lugares, pessoas, tudo revivia dentro de mim sem, contudo, relacioná-los a sofrimentos. Subjuguei a mente. Crescer é preciso.

Chamei por Ibrahim Chananyah. Depois de algum tempo ele estava perto de mim com seu sorriso enluarado.

— A volta ao passado é sempre dolorosa, meu amigo.

— Salvatore, chegará o dia em que todos nós vamos poder voltar ao passado sem razões para sofrimentos, sem sentir vergonha, ódio ou arrependimento.

— No meu caso creio que ainda vai demorar a chegar esse dia.

Pelo hábito arraigado já ia começar com minhas lamúrias. Contive-me a tempo. Modificar nossa personalidade demanda tempo, atenção, conscientização e boa vontade. Ibrahim olhou-me, sério:

— Isso vai depender de você somente. Não incorra no vício de acusar forças outras para justificar os próprios desacertos, porque, geralmente, o erro está em nós mesmos. E não tão ocultos... Quanto ao tempo somos nós quem decidimos. Você já está consciente, agora tem de cultivar a boa vontade para fazer as mudanças.

— Parece fácil, no entanto, é uma luta hercúlea.

— Mas não impossível de se fazer. Chega uma hora que temos de deixar a infância espiritual e nos enfrentarmos. Identificar nossos erros e lhes dar combate. É tedioso permanecer na inércia, com lastros a nos prender aqui quando há maravilhas nos planos mais altos. Maravilhas que esperam por nós...

— ... no Olimpo?

— Dê-lhe o nome que quiser. Alguns chamam de Céu... Paraíso... O nome não importa. Na verdade, o Céu não é um lugar circunscrito, mas pode estar onde estivermos, com quem estivermos. Céu ou inferno é um estado de espírito. Há pouco você esteve no inferno sem se afastar um passo daqui.

Ibrahim nunca falava o que eu queria ouvir. Dizia o que eu precisava ouvir, porém, o fazia de modo tão amoroso que jamais me aborreci com ele. Mais uma vez agradeci por tão providencial companhia.

— Salvatore, vejo que você já está refeito. Quer continuar o programa estabelecido para você?

Lembrei-me de que Ibrahim havia me dito que eu teria o ensejo de conhecer mais profundamente a vida de Jesus. É certo que desperdiçara a oportunidade de fazê-lo quando a tive, porém, a Bondade de Deus é ilimitada. Foi com enorme satisfação que lhe disse:

— Sem dúvida que quero. Aonde iremos agora?

— Surpresa.

Ele sorriu. Pediu que eu o esperasse ali. Afastou-se e o perdi de vista.

A chuva havia cessado. A atmosfera, lavada e leve, era alimento para o Espírito. Procurei visualizar novamente a cruz luminescente do Rabi Jesus. Imaginei-me aos Seus pés e sincera oração de agradecimento brotou-me do coração:

"Jesus, sei que não mereço qualquer atenção de Tua parte. Afinal, palmilhei Contigo os ásperos caminhos do Teu martírio; fiz-me de cego, surdo e mudo. Muito poderia ter feito por mim mesmo. Morria de fome tendo o alimento tão próximo, como ainda acontece a muitos. Todavia, Messias Redentor de Almas, perdoa-me a fraqueza humana, a consciência insipiente e o coração empedernido... Não ouso pedir só por mim, mas por todos os que sofrem e, principalmente, por Rebeca. Que ela não olvide nosso amor e que, de alguma forma, possamos nos encontrar para viver nosso sonho de ventura... Sê conosco, Jesus".

Dali a instantes meu amigo voltou. Sorriu:

— Você optou pela senda menos dolorosa. O caminho com o Cristo Jesus é bem mais sereno. *"Meu jugo é suave e meu fardo é leve"*. É o atalho mais curto e menos espinhoso. De muitas lágrimas se inundará a Humanidade até entender isso.

De alguma forma meu amigo percebeu o bem que a prece sincera me fizera.

Embarcamos naquele veículo já meu conhecido e partimos.

Nem bem deu tempo de apreciar a paisagem e chegamos. Estávamos na pequena cidade de Nazaré. Fiquei gratamente surpreso.

Ibrahim Chananyah disse que me levava até ali para eu conhecer o lugar onde o Rabi Jesus passara Sua infância. Ele seria meu cicerone. Informar-me-ia tudo sobre a infância de Jesus, como Ele era, do que gostava, de como bem cedo já se Lhe despontava os delineamentos de Sua missão... Mas eu deveria descobrir ali algo muito importante. Mas... não atropelemos. Tudo no devido tempo.

Nazaré estava em silêncio. Era composta de trabalhadores que dormiam cedo a fim de também levantarem cedo para as lides de cada um.

Ibrahim mostrava cansaço. Só bem mais tarde pude compreender que ele, Espírito já um tanto diferenciado, acostumado a ambientes bem mais leves e puros, mais de acordo com sua vibração espiritual, fazia grande esforço para respirar aquele ar pesado e contaminado. Mas, mesmo sabendo do sacrifício que tal missão representava, estava feliz. Lutava para não esmorecer e fazer o melhor possível.

— Quando vamos começar? — perguntei-lhe.

— Amanhã cedo. Agora também nós vamos descansar um pouco. É preciso respeitar os limites do corpo, mesmo sendo ele perispiritual, como o nosso.

Fiquei pensando onde passaríamos a noite. Se estivéssemos encarnados procuraríamos alguma hospedaria, algum albergue. Mas... existiriam ali acomodações para desencarnados fazer suas reservas?

Sem que eu formulasse verbalmente minhas dúvidas, Ibrahim disse, rindo de mim às gargalhadas:

— Ah, meu amigo... Desencarnado recente é muito engraçado! Hilário! Então, acha que vamos dormir ao relento? — E continuou rindo.

— Ria à vontade. Ria. Mas me responda: E não poderíamos dormir ao relento? Até onde sei já morremos e não corremos mais nenhum tipo de risco. Nem de assaltantes, nem de assassinos, nem mesmo de pegar alguma doença nos pulmões pela friagem da noite.

Ele parou de rir. Desculpou-se. Disse-me que não pudera se conter. Vi que seu senso de humor era sua marca registrada. Eu que fosse me acostumando.

Capítulo XII

Onde Jesus passou Sua infância

Infância do corpo; maturidade do Espírito.

Enquanto conversávamos, avistei um conjunto de casinhas baixas, como o costume da época. Modestas. Muitas delas encravadas nas encostas dos morros, que as protegiam no inverno e as refrescavam no verão. Como não se usava chaminé, as paredes das casas ficavam enegrecidas pela fuligem. O fogão ficava geralmente fora, quando o tempo estava bom, mas era levado para dentro nos dias chuvosos ou muito frios.

A emoção tomou conta de mim. Estava na cidadezinha de Nazaré, onde Jesus passara grande parte de Sua infância!

Não era muito grande. Segundo me foi informado depois, ficava no centro da Galileia e tinha pouco mais de cinco mil habitantes. Era rodeada de árvores frondosas. Não tinha boa fama. Era desprezada por outros judeus por ser pouso das caravanas que vinham de Damasco e de Jerusalém e também porque seus moradores eram humildes agricultores considerados rústicos e não muito afeitos às regras, às leis do Judaísmo, aos ditames da Torá. Por isso, muitos diziam: "Esse povo sentado nas trevas e nas sombras da morte".

Depois me informaram que eram desvalorizados por muitos porque formavam uma mistura de sírios, fenícios, babilônios e gregos. Sangue impuro. Então, quando Jesus começou a ser conhecido, a fazer Seus ditos milagres, a ser considerado por muitos como o Messias há tanto tempo esperado para elevar Israel e colocá-Lo no topo do mundo, muitos ironizavam dizendo: *"Não sairá profeta da Galileia"*, ou: *"Poderá vir alguma coisa boa de Nazaré?"*

Estava absorto naquela contemplação, observando o vaivém das pessoas, os gritos das mães chamando pelos filhos, as pequenas carroças com hortaliças frescas oferecidas de porta em porta, quando alguém se postou à minha frente. Parece que havia saído do nada e aparecido diante de mim. Quase caí de susto.

Ibrahim riu e explicou.

— Este é David. Ele ficará no meu lugar e acompanhará você. Tudo o que quiser saber pergunte a ele, afinal David morou muito tempo aqui em Nazaré. Meu amigo, eu deveria ficar aqui com você, mas aconteceu um imprevisto e tenho de retornar à minha colônia espiritual.

Apertei a mão de David. Ele era um rapaz (Espírito) delgado, cabelo e olhos negros e barba espessa. Vestia uma túnica que lhe caía muito bem. Olhou-me por alguns segundos, sorriu e retribuiu o aperto de mão.

— *Shalom*, Salvatore. Terei muita satisfação em lhe poder ser útil. Que o Senhor Deus e o Messias Jesus, nosso sempre querido Rabi, lhe permitam um aprendizado útil! A vida que acabou de deixar não se encerrou naquela cruz tosca, conforme você bem vê.

Tais palavras tocaram-me o coração. Vieram saturadas de um sentimento bom que me fez feliz, de um magnetismo que lhes dava autenticidade. Bem diferente dos cumprimentos formais aos quais eu estava acostumado e onde quase sempre se diz uma coisa enquanto se pensa outra.

Obedecendo ao impulso meramente humano, botei um sorriso nos lábios e disse o que me veio à mente. Simples protocolo. As palavras não saíram do coração, só da mente afeita às exterioridades terrenas. Assim, soaram frias. Mortas. Desbotadas.

Ibrahim fingiu piedosamente que não percebeu a diferença dos cumprimentos. Um, sincero e carregado de amor, outro, morno e sem vida. Olhei para dentro de mim e percebi que, apesar daquela pequeníssima luz que começava a despontar, ainda estava muito, muito longe do topo da montanha. Mas não. Não cultivaria piedade de mim. Não procuraria justificativas para minha inferioridade. E disse a David:

— Desculpe-me se ainda teimo em proceder como um encarnado tolo, apesar de já conhecer tantas verdades espirituais. De cá um abraço meu amigo, meu irmão!

Abraçamo-nos. Percebi que os olhos dele brilharam. Agora, sim, o envolvi em sentimento fraterno. E ele pôde receber algo de bom deste que procurava tirar o acerto do próprio erro. E assim deve ser.

Lembrei-me de Jesus e mais uma vez constatei que Ele obtinha tanto sucesso na cura daqueles infelizes não pelas palavras declinadas, mas pelo Amor que as revestia. O amor. Isso sim operava a mudança vibracional nos doentes, favorecendo a cura. Ele oferecia os recursos de que dispunha. Ao doente cabia saber aproveitá-los por intermédio da fé e do merecimento próprio. Assim se nem todos se curavam era porque não havia assimilação, por alguma razão o receptor estava defeituoso.

Ibrahim fez novas recomendações. Prometeu que, tão logo pudesse, voltaria para junto de nós. Também ele tinha muita vontade de reviver conosco a infância de Jesus. Também ele muito amava o Rabi daquela Nazaré.

Despedimo-nos. Sentiria sua falta. Já gostava um bocado dele.

Capítulo XIII

David, o anjo esclarecedor

Trabalhar na lavoura do Cristo
é acender luzes na alma.

Ibrahim se fora, mas o jovem David que ficara em seu lugar era tão atencioso quanto ele. Nossa empatia foi recíproca.

— Nosso amigo Ibrahim comentou que você lamenta o fato de não ter conhecido o Mestre há mais tempo. De praticamente nada saber a respeito Dele — falou-me David.

— Se O tivesse conhecido e O compreendido quando palmilhei com Ele, tenho certeza de que hoje seria feliz. Foi o tolo orgulho da raça que me bloqueou a razão.

— Parece-me que você está disposto a trabalhar na seara Dele se ainda fosse possível, é isso mesmo?

— Perfeitamente. Seria uma forma de fazer alguma coisa de realmente útil e sossegar um pouco minha consciência. Creio que nunca é demasiadamente tarde para as boas atitudes.

Como ele podia saber daquele meu desejo se jamais o disse a quem quer que fosse? Talvez Ibrahim tivesse adentrado meus pensamentos naquelas horas angustiantes da minha crucificação e contado a ele. Mas, mereceria eu, criatura tão insipiente, trabalhar sob a bandeira daquele Rabi extraordinário que eu não soubera valorizar? Bem mais tarde compreendi o que Dele ouvi em uma de Suas pregações: *"Não são os sadios que precisam de médico e sim os doentes"*. E eu era — creio mesmo que ainda o sou — um doente.

Lembrei novamente tudo o que passei naqueles momentos indescritíveis da crucificação! Como lamentei a bruteza de minha alma! Como então me pareceram desprovidas de lógica as tolas vaidades humanas! Novamente ia me internando pelos caminhos das recordações dolorosas, quando David me alertou:

— Quando voltamos ao passado improdutivo só o que despertamos é a dor. Não visite mais o fosso sombrio da mente, Salvatore, senão para consubstanciar aprendizado.

— Obrigado por me lembrar, amigo. Agora me diga como soube do meu propósito de trabalhar sob a bandeira de Jesus?

— Enquanto sofria na cruz, você idealizava nova oportunidade para retificar sua conduta, trabalhar para aquele Rabi inigualável que muito tardiamente reconheceu ser o Divino Prometido, não foi assim?

— Foi. Fui muito sincero.

— Houve também um momento de cobranças. Você cobrou de Jesus uma deferência especial pelo fato de nunca tê-Lo denunciado às autoridades. Achou, por algum tempo, que Ele deveria ter impedido sua morte, não foi assim?

David falava com brandura. Como um irmão mais velho que quer ajudar.

Fiquei sem jeito e ele falou:

— Não o estou recriminando. Também eu, no seu lugar, faria o mesmo. Ademais, não tenho intenção alguma de lhe criticar negativamente os atos. Quanto ao conhecimento disso, lembre-se de que os mais escondidos segredos da Alma podem ser lidos.

— Não sei quase nada da vida espiritual...

— No entanto, somos criaturas espirituais. O corpo carnal, sim, é transitório. O espiritual é eterno.

— Quando encarnados nunca pensamos assim. Mas fale, por favor, qual é seu plano?

— Meu, não! O plano de Jesus para você. De mim mesmo nada posso. Sou, qual você mesmo, um Espírito em busca da redenção.

— Mas você tem luz própria. Apesar de saber escondê-la muito bem com sua humildade e bondade, percebo-a.

— Estive, qual você mesmo, parado no sopé da montanha por muito tempo. Olhava seu topo e tinha preguiça de iniciar a subida. Até que um dia alguma coisa mudou. A evolução natural do planeta me empurrou, todavia, a subida ainda não terminou. Creio que não terminará nunca, mas já agora é com prazer que a faço. Transformo todas as minhas dificuldades em motivos de luta. Quanto mais dificuldades, maior meu interesse em sobrepujá-las. É como em uma guerra: Se o soldado estiver atento, tem mais chance de vencer. Tenho procurado ficar atento. Vigio-me constantemente. Fecho com cuidado todas as portas que trazem a dor. Não quero nada com ela. Já não preciso dela como cutelo. Creio que nisso sou bastante inteligente.

Rimos.

Depois disse que era do clube do Ibrahim, que sempre estava de bom humor. Disse mais: que o fato de ser um estudante aplicado das Leis Divinas, não havia necessidade de ser carrancudo, de só filosofar, que isso pode tornar-se enfadonho.

Uma grande nuvem de poeira começou a surgir no horizonte. Crianças saíram em desabalada carreira e passaram por nós gritando, alegres e despreocupadas. Uma delas apontou a nuvem de poeira e correu para a estrada. As outras a seguiram.

Era uma caravana que chegava. As crianças eram as primeiras a recepcioná-la, curiosas e falantes. Essa cena devia se repetir muitas vezes por semana. Depois sempre levavam a novidade aos seus lares. Também os anciãos saíam de suas casas para apreciar a multidão que tão de repente adentrava a pequena Nazaré. Era, então, como uma festa. O silêncio se escondia nos morros e o zunzunzum tomava conta do ambiente.

Também nós paramos de falar. A estrada poeirenta dificultava-nos a visão. O sol começava a se despedir do dia. Um clarão avermelhava o "pra lá do fim do mundo". As poucas nuvens debandavam. Logo, o escurecer daria novo aspecto à bucólica cidadezinha.

A proximidade da noite me trouxe a preocupação que minutos antes fizera Ibrahim rir: Onde passaríamos a noite?

David percebeu minha inquietação.

A pouca luz que havia dentro das casas formava estrias pelos vãos de portas e janelas. A hospedaria mostrava agitação intensa com seus hóspedes bulhentos e os caravaneiros recém-chegados. David e eu os observávamos à vontade. Eles não poderiam nos ver.

Risos. Chacotas. Picuinhas que faziam entre eles. Estavam empoeirados até a alma. Todos falavam e comiam ao mesmo tempo. Lembravam um bando de gafanhotos a devorar tudo. Um odor acre invadia meu olfato, em parte oriunda dos caravaneiros, em parte dos animais suados que se aliviavam por ali mesmo, formando ao redor uma pasta aquosa e malcheirosa.

De repente, grande rumor no silêncio da noite. Parecia que os ânimos se exaltavam e que em breve alguém seria posto na rua a socos e pontapés.

Fiquei expectante, olhando para meu jovem e novo amigo. Deveríamos, por caridade, intervir por intermédio de sugestões pacíficas? Fiz menção de me aproximar, mas David, que não havia se impressiona-do nem um pouco, disse-me:

— Não se assuste. Isso é normal entre os judeus dessa época. Trata-se de um povo rixento. Por qual-quer coisa desencadeia-se a mais acalorada discussão. Tudo é motivo para questionamentos. Mas passa tão de repente quanto se inicia. Muita trovoada e pouca chuva. Posso lhe afirmar isso porque já fui um deles.

— Você se parece mais a um romano do que a um judeu. Ainda mais vestido assim, com uma toga romana.

— Pois saiba, meu amigo, que a nacionalidade, o *status* social, a descendência, nada disso é importante.

Fiquei meditando, procurando um argumento válido, pois para mim tudo aquilo tinha um valor inestimável. David prosseguiu:

— Hoje não tenho mais nenhuma nacionalidade específica. Pertenço ao mundo. Fui judeu em minha última existência, mas agora sou simplesmente um cristão. Essas divisões tolas de nacionalidade, religião, *status* social, descendência são coisas transitórias e irrelevantes. Esta toga romana que estou usando foi um presente de alguém muito querido ao meu coração.

Habituado que estava a conviver com eles, a ver o quanto eram intransigentes e fanáticos em relação à nacionalidade, aos costumes e à fé, fiquei realmente surpreso.

A discussão continuava acalorada dentro da hospedaria.

— Jesus... Ele também... na intimidade... era assim rixento?

— Claro que não! Ele era e ainda é a personificação da paz, da harmonia, da tranquilidade e do amor. É um ser elevadíssimo e pertence à classe dos Espíritos puros. Um ser que já ultrapassou, de muito, as limitações humanas; que já se livrou das cadeias reencarnatórias; que é hoje, cocriador junto ao Pai.

— Ele também teve de se submeter às mesmas Leis de Deus para evoluir, como nós outros, ou teve uma criação diferente? Ou seja, já foi criado perfeito? Teria sido Ele um privilegiado?

— Deus não faz distinção entre Seus filhos. Todos caem no torvelinho da involução e depois da evolução. Não há privilégios. O processo é o mesmo para todos. O Pai dá-nos a vida e os meios para nosso burilamento. O restante é de responsabilidade de cada um. Aquele que compreende e se submete, que escolhe um caminho não tortuoso, chega primeiro ao Seu Reino. É justo.

Eu estava surpreso. Atônito. Nunca havia parado para pensar naquela Lógica Divina. Jamais poderia imaginar que, sendo Jesus um ser angelical, que já fizera seu religamento com o Deus invisível dos judeus, pudesse ter sido aqui tão mal recebido e "premiado" com a crucificação!

Sem que eu dissesse nada, David concluiu:

— Mas Jesus compreendeu. Não guardou rancores nem revoltas. Nem poderia. Sabia, mesmo antes de encarnar entre nós, que tal ocorreria, mas era necessário vir trazer ao mundo o exemplo de Seu Amor. Poderia ter mandado outro, mas tomou a si mesmo a sofrida incumbência. Do alto da cruz não pedira o perdão de Deus para Seus algozes? Quem não se lembra? *"Pai, perdoai-os, eles não sabem o que fazem".*

As lágrimas contidas faziam meu peito doer. Senti que o Amor por aquele Cristo incompreendido crescia dentro de mim. Queria dar, o mais rápido possível, meu testemunho de amor Àquele que tanto fizera por nós. Mas tinha de esperar o momento. Acabava de perder uma reencarnação que poderia ter sido diferente se eu não fosse tão acomodado e dado à inércia. Entristecia-me ao pensar que estive cego caminhando com a luz; faminto, tendo o alimento tão perto... sedento, perto da fonte... Pedi que meu amigo continuasse a falar.

David estava sério. Seus olhos também diziam do Amor que nutria por Jesus. Jamais no mundo houve tão grande testemunho de Amor, Renúncia e Compreensão.

— Jesus deixou Seu reino de luz e glória para viver aqui. Deixou a companhia de Anjos para conviver com seres bárbaros e insensíveis. Mas o sacrifício maior nem foram esses poucos anos que viveu entre nós, não foi a morte infamante na cruz ou a companhia de criaturas tão distanciadas espiritualmente

Dele. Foi o sacrifício que representou em ter de mergulhar em um mundo tão grosseiro. Foi ter de esconder a Sua luz debaixo de camadas e mais camadas de matéria densa... foi, sintetizando, reduzir seu potencial energético para poder habitar um corpo material. Imagine o sol ter de se acomodar num pequeno vaso!

Eu estava assombrado. Jamais havia pensado nesse outro sacrifício, ainda maior.

David fez uma pausa. Olhou o Céu. Milhões de olhos cintilantes piscavam nas alturas.

— Na colônia espiritual onde resido, atualmente, fala-se que no futuro tudo será mais bem esclarecido e que por ora seria querer colher um fruto ainda verde. O Rabi Jesus não se referiu a um Consolador antes de ir para a glória do Pai? Um Consolador que haveria de ficar conosco e que levantaria o véu escondido sob a forma de parábolas, de alegorias? Não afirmou que agora seria extemporâneo revelar certas verdades? Que nos cegaríamos com tanta luz? Aguardemos. Estou certo de que esse Consolador virá a seu tempo.

— Um Consolador... Como será? Outro mártir?!

— Ainda é cedo para saber. O Cosmo tem seu calendário de eventos. Esperemos. No tempo certo saberemos. Quando estivermos mais preparados para uma revelação maior, ela virá.

— Quando ainda encarnado, ouvi à boca pequena, que certo Rabi, de nome Nicodemos, teria procurado Jesus e o inquirido sobre o que Ele dissera em uma de Suas pregações: a necessidade de nascer de novo para ver o Reino do Céu. Então, Jesus o questionou: *"Você é mestre em Israel e não sabe essas coisas? Eu garanto a você: nós falamos aquilo que sabemos, e damos testemunho daquilo que vimos, mas, apesar disso, vocês não aceitam o nosso testemunho. Se vocês não acreditam quando Eu falo sobre as coisas da Terra, como poderão acreditar quando Eu lhes falar das coisas do Céu?"*

— Jesus fez claras referências à reencarnação, embora soubesse que não poderia ir além daquilo que o povo imaturo tinha condições de absorver. A reencarnação é interpretada erroneamente por muitos. Confundem-na com ressurreição, que não é a mesma coisa.

— Quando exercia meu papel de espião do Rabi, fiquei sabendo daquele caso...

— ... o da ressurreição de Lázaro, não foi?

— Isso mesmo. Mas sempre fiquei na dúvida. Como pode alguém voltar à vida depois de morto...

David pensou por alguns momentos.

— Na verdade, Lázaro não estava morto. Estava em um estado de morte aparente, ou seja, ainda havia vitalidade nele. Não estava completamente desligado do corpo material. O Espírito ainda não partira para o mundo espiritual. Por isso, Jesus ordenou que ele (o Espírito Lázaro) retomasse seu corpo.

David fez uma pausa maior. Parecia buscar mais esclarecimentos nas fontes superiores. Depois acrescentou:

— No futuro, a Humanidade saberá que existem fortes laços que prendem o Espírito ao corpo e que, na desencarnação, são desligados um a um, só se dando a morte após se desligar o último elo.

Queria saber mais. David continuou:

— Nesse caso não houve reencarnação, que quer dizer voltar à carne, pois dela Lázaro Espírito não havia se separado. O que houve foi ressurreição. O poder de Jesus é imensurável e bastou Sua ordem para o Espírito retomar seu corpo material.

— Quando eu estava ainda encarnado, achava que já sabia tudo, porém, agora vejo que mal me foram abertas algumas frestas. Ah... como somos presunçosos e tolos! Como temos ainda tanto a conhecer de nós mesmos!

— As revelações nos veem pouco a pouco. Para dar tempo de assimilar. Por essa razão, a Humanidade conta periodicamente com a vinda de novos missionários trazendo novos conhecimentos. Cremos que Jesus foi, dentre todos, o mais importante — concluiu David.

— E eu, estúpido que fui, não aproveitei...

— Mas você cresceu bastante nessa sua recente existência. É claro que poderia ter aproveitado bem mais, todavia, tudo tem seu tempo de amadurecimento.

Ao relembrar a existência há pouco deixada, Rebeca se apossou dos meus sentidos. O sentimento de perda, de frustração, amargou minha boca. Apesar de tudo, ainda não conseguira amordaçar a revolta, domar o animal que em mim rugia sem cessar quando pensava no meu amor frustrado.

David estava atento. Encarou-me, como a lembrar a inconveniência daquele estado emocional. Depois, continuou.

— É a pura verdade, Salvatore. Se conhecemos bem pouco as ciências materiais, conhecemos menos ainda as espirituais. Sabemos muito pouco de nós mesmos. Jesus respirava em um clima sutilíssimo em virtude de Sua grande evolução espiritual. Quanto a nós, conforme as lições que vimos recebendo, vamos sutilizando ou embrutecendo ainda mais a matéria no desenrolar das existências. Vamos caminhando para o alto ou estacionando nos equívocos. Jesus, que já havia subido todos os degraus rumo à Luz Divina, precisou descer, ou seja, diminuir Seu potencial energético para poder habitar um mundo tão primitivo como este e estagiar em um corpo carnal. Ele, que já era quase só luz, levaria muito e muito tempo para ter condições de encarnar novamente.

Confesso que tinha dificuldade para entender na íntegra o que meu amigo dizia. Jamais havia ouvido tais conceitos. Ele continuou:

— Poucos falam desse sacrifício a que se submeteu Jesus. Imagine o grande desafio que é prender tanta luz em um vaso grosseiro de barro. Imagine o sacrifício que é para o beija-flor vestir a couraça do jacaré, ou para o pássaro que singra o espaço mergulhar no pântano qual é esta nossa Terra.

Eu nada dizia. Bebia as palavras de David e tentava alargar minha inteligência para poder compreendê-lo. Ele continuou:

— E quando conseguiu encarnar, embora contando com Espíritos dedicados que muito O amam, não poderia encontrar ninguém que O compreendesse integralmente. Mesmo Seus pais, que Lhe dispensavam tanto amor e carinho, que já haviam alcançado um grau considerável de desenvoltura espiritual, puderam entendê-Lo integralmente em Sua missão. Mas depois falaremos mais, pois para isso estamos aqui. Agora vamos descansar. Amanhã teremos um longo dia.

Dormir em Espírito era como tirar uma roupa mais densa e trocar por outra mais sutil. Assim como deixava, quando encarnado, meu corpo denso sobre a cama e passava a utilizar o corpo perispirítico, agora também deixava este e utilizava outro mais sutil. Quantos corpos teríamos? Seríamos, como já ouvi dizer, semelhantes a uma cebola? Havia perguntado isso aos Espíritos amigos, mas eles me disseram que tudo viria a seu tempo... que luz demais também cega.

Capítulo XIV

A família de David

A união pelos laços espirituais é definitiva.

Deixamos os caravaneiros com suas intermináveis questiúnculas. Fazia a mais completa escuridão.

Curioso, acompanhei David. Chegamos até a uma pequena casa, uma das últimas do povoado. David tocou a campainha e uma senhora veio atendê-lo. Agora sim, eu nada entendia.

Era uma casa comum. Como as muitas que tinha visto por ali. Ao toque da sineta, a porta se abriu e um Espírito feminino nos atendeu:

— *Shalom*, Irmão David.

— A paz esteja contigo também, Irmã Judith. Este é nosso amigo Salvatore.

— *Shalom*, Salvatore — disse com um largo sorriso a iluminar-lhe os olhos negros como azeviche.

Inclinei-me diante daquela matrona de singular beleza. A paz que se irradiava dela tranquilizou-me. Senti-me tremendamente frágil, como sempre me sentia quando perto de uma nobre mulher.

— Eu os esperava mais cedo. Por que demoraram? Algum problema no caminho?

— Não. Nenhum problema. Já chegamos há um bom tempo. Estávamos conversando na praça. Salvatore distraiu-se com os caravaneiros. Em verdade, eu também.

— Já entendi. Ficaram como dois moleques traquinas sondando a vida alheia, não foi isso?

Risos. Abraços.

— Eu também saí para ver a caravana. Sou muito curiosa. Mas vamos, entrem, por favor.

Olhei ao redor e percebi que a casa era habitada também por criaturas encarnadas. Um ancião de longas barbas, de olhar sereno, magérrimo, olhou-nos, curioso. Estaria ele nos vendo? Fixei nele meu olhar e ele sorriu. Parece que identificou David, porque seus olhos se umedeceram. Em seguida, abriu alguns pergaminhos e pôs-se a lê-los, despreocupando-se de nós.

David conversava com Judith e, ao ver o ancião, também se emocionou. Aproximou-se Dele e o abraçou. O corpo alquebrado pelo peso dos anos tremeu àquele contato espiritual. E eles se entenderam na linguagem muda das almas.

Judith também não escondia a emoção daquele momento.

— O senhor Jonathan é o pai dele, disse-me. Esta casa viu toda a infância e juventude do David. Todos eram felizes, mas Deus quis que David, com apenas 16 anos, voltasse à Sua companhia. Deus seja louvado, pois Ele sabe o que faz.

Uma jovem de rara beleza entrou na sala. Também, de alguma forma, nos identificou, pois enxugando os olhos abraçou-se ao ancião:

— Meu pai..., temos novamente a visita de David? Eu o sinto... quase o vejo. Ele está nos saudando. Quanta saudade, David, meu irmãozinho querido!

Foi a vez de David chorar. Abraçou a irmã.

— Esta é Talita — informou Judith. Também consegue ver a nós, os desencarnados.

Perguntei a Judith se ela também pertencia àquela família e porque morava ali e não na Espiritualidade, conforme era de se esperar.

— Não faço parte da família pelos laços do sangue, mas pelo coração. Acompanho-a nesta existência. Por gratidão. Em existências passadas eles foram os amigos que me deram arrimo e amor. Devo-lhes muito. A mãe de David, Mírian Dorcas, já partiu há muitos anos. Mora numa colônia feliz e sempre que pode vem nos visitar. Estou aqui... como diria? Em férias. Na nossa colônia espiritual também temos férias anuais.

Vendo meu espanto:

— Por que a surpresa? Nada mais justo. Tive um ano de trabalho na minha colônia. Minhas férias são merecidas, Salvatore.

Dei um sorriso meio tolo:

— Então, esta casa é também do David?

— Podemos dizer que sim, embora nosso mundo seja outro. Mas sempre que aqui vem, ele se hospeda aqui. Poderia entrar sem sequer se anunciar, mas é muito educado para isso.

Achei estranho aquilo. E Judith continuou:

— Seu quarto permanece sempre arrumado. Talita mantém em ordem todos os seus pertences do passado. Ela sofre pela ausência do irmão querido, mas compreende as determinações do Alto e jamais se revolta.

— David só tem essa irmã?

— Ele tem mais quatro irmãos que atualmente moram em Jerusalém e têm suas famílias.

Lembrei-me de que nem todo judeu aceitara Jesus como o Messias esperado. Eram orgulhosos por natureza e não queriam um Messias pobre e humilde, como foi o Cristo Jesus de Nazaré. Lembrei que foi a indiferença deles aliada ao poder e interesses dos sacerdotes e do sumo sacerdote do Templo judaico que levaram à prisão e depois à crucificação o Divino Prometido.

À minha pergunta, Judith respondeu:

— Todos desta casa amam o Rabi Jesus. Muito sofreram por Sua recente crucificação. O senhor Jonathan foi um dos que mais protestaram no Sinédrio contra a sentença forjada pelos altos dignitários do Templo. Mas nada conseguiu, senão correr e avisar um amigo de Jesus, José de Arimateia.

David, que ainda abraçava a irmã, juntou-se a nós. Sentamo-nos em almofadas sobre esteiras, bem ao costume judeu.

— Vou preparar alguma coisa para vocês.

Fiquei contente. Estava me sentindo enfraquecido. O caldo que me era servido no posto socorrista me fazia falta. Sou ainda muito denso...

— Judith, para mim, só um copo de água, por favor. Há muito não preciso mais me alimentar com outras coisas.

Fiquei envergonhado pela minha demonstração de gula. David, prontamente, disse:

— Não se envergonhe por isso, meu amigo. Você está desencarnado há pouquíssimo tempo. É natural que ainda sinta fome. Depois... os condicionamentos nos levam sempre à repetição dos costumes enraizados. Com o tempo você verá que não mais precisará disso e, então, aos poucos, irá tecendo novos procedimentos mentais que repercutirão no seu corpo perispiritual. Mas também sabemos que, conforme o desgaste decorrente de algum tipo de serviço, mesmo no mundo espiritual não podemos dispensar uma alimentação mais condensada.

Judith, que já caminhara alguns passos, se voltou para nós:

— Muitos se espantam de termos alimento no plano espiritual. Todavia, se esquecem de que nossos corpos perispirituais ainda são formados de matéria; matéria um pouco mais sutil, menos condensada, mas sempre matéria.

Após ter tomado o caldo, senti-me renovado. Não fosse o esquecimento da maior e mais distante parte do meu passado poderia dizer que estava feliz. Mas não podia me queixar, pois muito já tinha avançado nas lembranças.

A lua ia alta quando nos recolhemos. Havia várias esteiras e almofadas no quarto do meu amigo. Deitamo-nos e só fomos despertar com a azáfama da cidade que retornava ao ritmo diurno.

Muitos ignoram que Espíritos também durmam. Pois dormem. Temos, presentemente, nosso perispírito composto por matéria ainda um tanto condensada, como bem lembrou Judith, então consequentemente nos cansamos. Muitos não têm, todavia, necessidade de muitas horas de sono e outros, ainda, de nenhuma.

As poucas nuvens se afastavam. O sol beijava o aglomerado de casinhas brancas. David já se havia levantado antes de ele nascer para agasalhar o mundo. Também me levantei. Estava refeito das minhas canseiras. Ouvi a oração dos encarnados agradecendo a dádiva do novo dia e os acompanhei dali mesmo. Tinham, ali, o hábito saudável de iniciar o dia louvando o Senhor da Vida. Houve um tempo que eu achava desnecessária a oração. O dia a dia, recheado de problemas que para mim eram prioritários, não me dava tempo e quietude de alma para as preces. Mesmo agora, que respiro em outra dimensão, que o pensamento dita meu estado de espírito, que sei de sua utilidade, esqueço-me quase sempre de utilizá-las.

Judith e David entraram e me saudaram. Tomamos um suco diferente daqueles que conhecia e em seguida saímos. Passamos pelo senhor Jonathan e eu me fixei nele para verificar se ele me via. Ainda não me desfizera das curiosidades que o plano espiritual a todo o momento me surpreendia. Mas ele não deu nenhum sinal disso, porém, quando David o abraçou e se despediu, ele sentiu um leve tremor e sorriu. Depois sussurrou: "*Shalom*, meu filho amado".

A mim não vira, mas ao filho, a quem estava ligado pelos laços do amor, vislumbrou com os olhos da Alma e respondeu ao cumprimento.

Judith transbordava de felicidade. Eu me perguntei por que determinadas pessoas conseguem atrair para si, tão espontaneamente, esse sentimento sempre desejado, ao passo que outras tentam ser felizes e tudo que conseguem é um pouco de serenidade. Foi ela mesma quem disse:

— Caro Salvatore, a felicidade é um estado de alma. Uma conquista íntima. Só a consegui depois que calei todas as trombetas que rugiam dentro de mim. Aceitar Jesus, meu amigo, não é bater no peito e bradar Seu nome... É muito mais do que isso. Aceitar Jesus é, acima de tudo, vivenciar o Seu Evangelho, é expulsar a animalidade inferior que carregamos conosco há séculos e deixar aflorar a criatura nova... Esse é o batismo do Amor.

Depois ela me abraçou. Senti naquele abraço que forças otimistas me invadiam e não consegui segurar as lágrimas atrevidas e inconvenientes que, desobedientes, molhavam-me o rosto. Percebi, uma vez mais, o quanto vivera equivocado naquelas minhas derradeiras reencarnações. Mas lembrei que a Bondade e a Justiça Divinas me beneficiariam com novas reencarnações. David havia me dado uma aula sobre a reencarnação, pois que, na minha ignorância, achava que elas fossem limitadas. Mas não! Não há limites... Reencarnaremos quantas vezes forem necessárias. Se aprendermos logo as lições, sofreremos menos. Nada nos é imposto por castigo, para nosso escarmento, mas por necessidade de evolução, de religamento com o Criador.

Judith ficou pensativa por algum tempo. Depois, como a não permitir que a felicidade se distanciasse dela, sacudiu a cabeça e sorriu. David convidou-a a seguir conosco.

— Judith, hoje nosso amigo aqui vai conhecer alguma coisa da infância do Rabi Jesus. Trilhará os caminhos que Ele caminhou.

— Deus seja louvado! Saiba, Salvatore, que poucos têm a felicidade de conhecer a terra que viu o Rabi crescer. Aqui em Nazaré você vai conhecer alguns dos familiares do Ungido.

— Maria... Sua mãe... como suportou tanto sofrimento ao ver o filho pregado em uma cruz? E de uma forma tão desumana?

Judith deu um profundo suspiro:

— Ah, o destino das mães! Pobres criaturas que, após agasalharem no ventre seus tesouros, se veem obrigadas a entregá-los ao mundo... à missão de cada um.

David nos interrompeu para dizer:

— A senhora Maria mora bem perto daqui.

— Terei eu a ventura de conhecê-la? Pena não poder falar com ela... Podemos ir lá agora? Será que se a estimularmos a pensar Nele, ela nos fornecerá alguma informação via pensamento? Ou durante o sono... talvez...

Judith e David riram da minha impaciência. A criança, que eu mantinha encoberta em mim, assumiu o leme e tagarelava sem parar.

— Infelizmente, no momento está em companhia de parentes em Jerusalém. Sofreu muito, quase enlouqueceu de dor, mas é uma mulher de fibra. No íntimo, ela bem sabia que a mãe do Messias não passaria incólume ao sofrimento. Está nos nossos planos fazer-lhe uma visita durante o sono. Ela deve regressar em breve, pois tem afazeres aqui, e os outros filhos reclamam-lhe a presença.

— Sou muito grato por essa oportunidade. Grato a Jesus, que me despertou para o renascimento de mim mesmo.

— A vida de quem teve o privilégio de conviver com o Rabi crucificado, ainda que por pouco tempo, nunca mais voltará a ser a mesma — disse Judith, olhando significativamente para mim.

— A imagem Dele bem como a cruz do Seu martírio ficaram para sempre gravadas em minha mente.

Nunca vou me perdoar por ter palmilhado com Ele e não tê-Lo compreendido. Era, na ocasião, a treva que habitava em mim. Triste destino o do cego espiritual.

— Todavia, nunca é tarde demais — disse David.

— Salvatore, não pense que encontrará nos familiares de Jesus a santidade do Rabi... São pessoas normais. Seu pai já partiu para Deus. Tirante Sua mãe Maria, Ele não foi compreendido em Sua nobre missão, pela maior parte da família.

— Na verdade, quase ninguém suspeita, ainda, o que representou a vinda daquele Espírito Puro. Só com o passar dos séculos compreenderão.

Fiquei em silêncio. Não sabia o que dizer, pois também eu demoraria séculos para entender a grandiosidade daquele Ser de Luz, cujo Amor incondicional e imensurável fincaria as balizas do Reino de Deus na Terra.

Algumas crianças, qual um bando de gralhas, passaram por nós. Das portas das casas, as mães conversavam. Sentamo-nos em um tronco de árvore que, pelas mãos de algum carpinteiro, transformara-se em banco.

Fizemos silêncio. Judith e David pareciam orar e eu não ousei interromper. Só mais tarde compreendi que naqueles instantes eles recebiam algum esclarecimento. Nunca tive coragem de perguntar como isso chegava até eles, se por intuição, se por voz direta em seus cérebros espirituais, ou por qualquer outro meio defeso ao meu conhecimento. Decorridos alguns minutos, David esclareceu:

— Salvatore, é necessário que você conheça um pouco o povo hebreu, pois, segundo o que disseram os profetas, seria em seu seio que o Messias encarnaria.

Assim, encontramos, nos pergaminhos sagrados, a citação do profeta Miqueias:

"MAS VOCÊ, BELÉM DE ÉFRATA, TÃO PEQUENA ENTRE AS PRINCIPAIS CIDADES DE JUDÁ, É DE VOCÊ QUE SAIRÁ AQUELE QUE HÁ DE SER O CHEFE DE ISRAEL! A ORIGEM DELE É ANTIGA, DESDE TEMPOS REMOTOS".

Calou-se por alguns instantes. Aproveitei para perguntar uma coisa que sempre estivera entalada em minha garganta:

— Meu amigo. Sempre ouvi dizer que Jesus veio para os judeus. O próprio povo hebreu sempre se vangloriou disso. Creio que é por isso que eu nunca me interessei pela Sua pregação. O que você me diz? Parece que, afinal, Ele veio mesmo só para o Seu povo.

David balançou a cabeça num gesto de negação.

— Isso é um erro. Ele veio para todos. Veio para toda a Humanidade, para trazer ao mundo novos ensinamentos, para completar, ou modificar as leis de Moisés que foram feitas para disciplinar um povo rebelde qual era o judeu daquele tempo. Veio, enfim, para a evolução espiritual de todo o planeta. O plano espiritual superior não conhece privilégios. Não há os mais e os menos queridos.

— Então, por que escolheu esse povo que, como você mesmo diz, é rebelde e rixento? Não é isso um privilégio?

— Afirmo-lhe que Deus não conhece privilégios. Seu amor por nós não conhece fronteiras de nacionalidade ou de qualquer outra coisa. A escolha recaiu sobre nosso povo porque dentre muitos é o que acredita em um Deus único. Enquanto muitos são idólatras, politeístas, pagãos, o povo hebreu está um passo à frente: é monoteísta, ou seja, crê no Deus único, conforme ensinou Moisés. E isso já é um avanço espiritual — informou David.

Judith, que estivera como que em êxtase, acrescentou:

— Faz algum tempo, quando em visita em grupo a um plano de vida superior, fomos agraciados com a presença e os esclarecimentos de um verdadeiro anjo de Deus. Estava próximo o momento doloroso da crucificação e o consequente retorno de Jesus ao Seu mundo de luzes após cumprir magistralmente Sua missão. Tudo girava em torno do grande acontecimento e o assunto preferido era esse.

Ela parou um pouco como a buscar lembranças fiéis.

— Recordo-me de que as perguntas giravam em torno do grande e doloroso momento. Alguém dos ali presentes levantou a questão da religiosidade do povo judeu, se isso foi um ponto determinante para o Messias ali nascer.

"O fator religioso foi importante, mas não o único a decidir onde o Messias deveria nascer" — informou o anjo.

David e eu nos olhamos, curiosos.

— Naquela ocasião, ímpar em minha vida, o anjo do Senhor dissera que a melhor linhagem biológica possível conseguida por um povo até ali também fora levada em conta. Havia necessidade de que o corpo carnal fosse o mais resistente possível, da mais apurada genealogia, escolhida entre as melhores estirpes humanas da Terra.

David e eu estávamos completamente embevecidos. Jamais poderíamos supor que Judith fosse, na sua simplicidade, tão bem informada.

Nada dissemos. Nosso encantamento falava por nós. Ela continuou:

— Eis o que foi contado pelo emissário de Deus:

"Há muitos séculos antes do nascimento, tal pesquisa estava sendo feita pelos psicólogos siderais entre as linhagens e as gerações judaicas a fim de se verificar a resistência biológica ancestral. Afinal, nenhum fator deveria ser negligenciado. O mínimo que podiam fazer, para garantir o êxito do Messias na Terra, era Lhe oferecer um equipamento carnal à altura de Sua Missão, de Sua pureza espiritual. Quem oferecia o melhor dos genes naquele momento era o povo de Israel. Após a pesquisa feita, constatou-se que foi a linhagem do rei David escolhida, porque seus últimos descendentes, há muitos séculos já vinham se preservando. Assim, eram vegetarianos, avessos a tóxicos, condimentos, álcool ou qualquer coisa que pudesse afetar a saúde física".

— O anjo parou a fim de nos dar tempo para a assimilação. Depois continuou:

"Não seria justo oferecer a um missionário um organismo inferior proveniente de alcoólatras, epilépticos, sifilíticos... Jesus merecia todo o respeito possível e, mesmo assim, tudo de melhor que o planeta pudesse Lhe oferecer seria muito pouco".

— Depois de algum tempo, esse anjo pediu que aguardássemos um pouco. Voltou em seguida com um livro e esclareceu:

"Tudo que acabo de lhes falar está aqui escrito, pois sabemos que futuramente, quando a Humanidade se cristianizar, quando a fé exigir um raciocínio lógico para habitar os corações, ou seja, quando a necessidade evolutiva precisar dar mais um passo, os trabalhadores em prol da sublime causa farão chegar à Terra tais esclarecimentos. Por ora, somente o plano espiritual sabe disso, mas, no momento propício, quando séculos e séculos se escoarem, todos os interessados saberão".

Judith fez uma pausa e continuou:

— Todos ficamos impressionados. Na verdade, aquilo que nos causa tanto espanto é muito natural para os Espíritos purificados, para os que trabalham ao lado de Deus, pois as histórias das humanidades estão sempre se repetindo. O que é futuro para algumas já é passado para muitas. E assim, sucessivamente. Também admiramos como é feito o planejamento futuro... com séculos de antecedência. Comentei isso com o anjo e ele me disse que não podemos comparar o tempo na Terra com o tempo no espaço ou no plano espiritual.

David e eu estávamos gratamente surpresos. Judith continuou seu relato:

— O anjo mostrava-se incansável e na maior boa vontade continuou:

"Ainda há a necessidade de esperar que a Humanidade viva e consubstancie o Cristianismo que se fará com Jesus, pois que essa é a vontade de Deus Pai. Talvez o novo advento, que também está marcado no calendário cósmico e que foi chamado de 'O CONSOLADOR', se dará muito tempo depois de o Mestre Jesus ter voltado à pátria espiritual, quando a Humanidade

já estará pronta para mais uma revelação. Penso ser por esse tempo que enviaremos as informações contidas neste livro. Cada coisa no seu devido tempo".

Após alguns minutos de silêncio — informou Judith —, aquele Espírito brilhante continuou:

"Por agora os encarnados ainda não sabem que convivem com o Governador Espiritual do planeta. As trevas se regozijam por estar bem próxima a Sua crucificação".

David estava emocionado. Percebi que agradecia ao seu Deus a oportunidade daqueles esclarecimentos. Eu o imitei, silenciando o turbilhão de perguntas que gostaria de fazer. Depois de algum tempo, Judith continuou:

— Antes da vinda de nosso Rabi Jesus, reencarnaram primeiro aqueles que deveriam dar-Lhe apoio: Seus pais, Seus amigos, aqueles que seriam Seus discípulos... Seus apóstolos...

— Maria e José eram conscientes da missão do filho?

— Maria, a princípio, não tinha nenhuma dúvida. No início da gestação, por sua natureza mística, passava o tempo como que embalada por um sonho divino, ausente das questiúnculas judaicas. Sentia as vibrações daquele anjo exilado a tal ponto que modificou seus hábitos alimentares.

— Como assim, Judith?

— O psiquismo de Jesus sobrepunha-se ao dela, e ela assimilava a Sua vontade. Entregava-se passivamente à Espiritualidade Superior Dele. Passou a se alimentar mais de frutas frescas ou secas, de mel e outros alimentos leves. Maria não teve dúvidas, no início, de que agasalhava no ventre o Messias que Israel esperava há tanto tempo. Com o nascimento e o passar dos dias, essa certeza foi se esmaecendo.

— Pode explicar melhor?

— Foi como em um sonho. Quando acabamos de acordar temos certeza. As impressões estão ainda muito vivas na nossa mente perispiritual. Depois o tempo vai passando, as emoções se apagando... Então... já não temos mais certeza absoluta. Segundo esclarecimentos em nossa esfera, isso aconteceu com Maria de forma premeditada. A Espiritualidade encarregou-se de obscurecer um pouco suas emoções, pois que ela não poderia viver em constante enlevo. A vida reclamava sua objetividade e presença total, pois que nenhum privilégio conheceria em função de ser a mãe do Divino Mestre. Mas Maria bem sentia que isso já era o maior privilégio concedido a uma mulher. Agasalhar O CAMINHO, A VERDADE E A VIDA... Que mais ela poderia almejar?

— E José?

— José, passados alguns dias do nascimento do filho, não mais se preocupou com essa questão. Era uma criatura prática, objetiva e tinha de prover o lar. Nunca imaginou que tivesse méritos suficientes para ser pai de um Messias salvador. Quando muito imaginava que o filho pudesse ser um Rabi poderoso.

— E Maria? Como se sentia perto do filho diferenciado?

— Ainda reportando-me às fontes da Espiritualidade naquele inesquecível encontro com o Anjo do Senhor, os encarregados da encarnação de Jesus acharam por bem deixar esmaecer com o tempo a certeza de que ela era a mãe de Jesus. Caso contrário, seria muito difícil não fazer distinções de tratamento em relação aos demais filhos. Ela tinha deveres a exercer dentro do lar e não podia viver em êxtases. Então, a cada dia mais se distanciava dela a lembrança da visita do Anjo, tudo o que ela havia sentido, a sensação de sublimidade... Procurava tratá-Lo como aos demais, mas seu carinho para com Ele era evidente.

— É verdade que Ele foi concebido por graça do Espírito Santo? Sem nenhum contato com o marido? É que ouvi isso mais de uma vez. Ouvi muita conversa estranha por intermédio dos que O seguiam.

David e Judith sorriram. Judith continuou:

— O mundo não sabe ler nas entrelinhas. Embora eu não ache relevante essa questão, penso que Deus não teria nenhuma necessidade de alterar o modo criador. Se para nós outros nascer por obra da união de um homem e uma mulher está bom, bom também está para Seu Filho Missionário. Mudar o modo da procriação seria admitir que Ele, o Criador, fez algo sujo, feio e que, como tal, não serviria para Seu Filho Jesus. Inconcebível admitir que algo que veio da mente divina, possa ser sujo. Sem contar que seria um privilégio. E o pai nos ama a todos de igual forma.

Inquestionável a noção de Justiça Divina — pensei.

— Todos os povos do passado viram necessidade de envolver o nascimento de seus avatares num halo de mistério, misticismo, milagre. Ser natural, para eles, desmereceria o Divino Mestre e dificultaria a aceitação dos fiéis. O povo hebreu não fugirá à regra e, em um futuro não tão distante, todos alardearão que o Messias Salvador viera ao mundo de modo diferente dos demais. Muitos jurarão que Seu corpo físico era diferente... que Ele ressuscitou na carne e subiu aos Céus... Hoje ainda não sabem e, portanto, não se preocupam com isso. Somente Seus apóstolos agasalham a ideia do Jesus concebido pelo Espírito Santo, das suspeitas de José... O povo, de modo geral, ainda não imagina o que virá, no futuro, a revolução que se fará em cada coração com os ensinamentos de Jesus. Ensinamentos esses que Seus apóstolos, hoje arredios e temerosos, mas amanhã confiantes e decididos, farão chegar ao futuro da Humanidade. Enquanto que no plano espiritual se sabe como tudo aconteceu e o que Ele representou, os encarnados ainda ignoram. Só o futuro revelará a verdade. Jesus foi para muitos apenas mais um profeta. Um profeta que não deu certo.

Compreendi. Judith continuou:

— Como dizia, no início Maria não tinha nenhuma dúvida, chegando a sentir a Presença Divina em suas entranhas, mas depois... a vida tinha de prosseguir. Dizem os Espíritos, dos patamares mais altos, que no início, logo ao receber a notícia do arcanjo Gabriel, ela se tornou mística e introspectiva. Mudou seus hábitos. Vivia num mundo de encantamentos e sonhos, mas depois, ao retomar a vida normal, o próprio plano espiritual tratou de empalidecer suas impressões a fim de que sua vida fosse a mais normal possível. Sábia foi essa decisão.

— Maria não é considerada uma santa pelos habitantes daqui ou de outros lugares. É respeitada por todos. Querida por muitos, mas quase ninguém daqui tem ideia do que ela representará no futuro da Humanidade; que será reconhecida e venerada como mãe do Salvador. Nem sequer sabem, ainda, o que Jesus representou. Só no futuro distante saberão. Ainda é muito recente o acontecimento do Calvário. Há esperanças em alguns e desilusão em muitos — completou David.

— Para a maioria do povo hebreu, Jesus não passou de um sonhador louco. Um visionário fanático que quis elevar-se acima das leis de Moisés. Por ora só a Espiritualidade Superior e alguns poucos, como, por exemplo, Seus apóstolos, sabem que Ele foi um missionário da mais alta estirpe encarnado no planeta. Os sacerdotes não podem nem ouvir falar Dele — disse Judith.

David retomou a palavra:

— Quanto à virgindade de Maria, sabemos que no futuro a Humanidade se debaterá muito sobre esse tema. O plano espiritual conhece muito bem nosso estágio espiritual, nossa tendência para discussões estéreis que não levam a nada. O que importa isso?

— O que sabemos vem de fontes espirituais. Por enquanto tudo ainda é muito recente e o povo continua dormindo. Levará ainda algum tempo para a conscientização. Os apóstolos darão sequência aos ensinamentos Dele e nada se perderá. Infelizmente, teremos ainda muitas mortes por Amor a Jesus... Uma época de atrocidades se aproxima. O mundo espiritual se prepara para receber as vítimas da insanidade dos poderosos — ratificou Judith.

Ante minha estupefação, David continuou:

— Hoje, pouco mais de três meses de Sua crucificação, a Humanidade ainda ignora que teve em seu seio o maior expoente espiritual que o mundo jamais viu. Muitos não O aceitaram e se mantêm fiéis a Moisés. E por enquanto tudo está na mesma... Mas a semente foi lançada. Um dia germinará. E, do Seu mundo de glórias, nosso Rabi Jesus contemplará a Humanidade que Ele transformou com Seu Infinito Amor e com o sacrifício de Sua vida.

Assenti com a cabeça e ele continuou:

— Na verdade, o ser humano tem necessidade de fantasiar os fatos. A criatura normal — normal no sentido de não derrogar nenhuma Lei de Deus para vir e viver no mundo — é pouco para ser um líder religioso, um Messias. Precisam do sobrenatural, do antinatural, do espetacular, do milagroso. Moisés, em outros tempos, teve de usar suas faculdades mediúnicas, caso contrário não teria conseguido liderar seu povo e se impor. Algumas de suas leis civis têm uma conotação religiosa a fim de serem respeitadas. Enquanto os ensinamentos de Jesus falam da Bondade e da Justiça de Deus e incitam ao perdão, o olho por olho dente por dente da lei mosaica incita à vingança. Enquanto Jesus mostra um Deus piedoso, Moisés mostra um deus irado e vingativo. Mas isso foi necessário, pois o grande legislador hebreu governou um povo rebelde e que desconhecia outra linguagem.

Judith completou com um tímido sorriso:

— Um é fogo que queima; outro é aragem que refresca. Um governou para o aqui e agora, condizente com o estágio espiritual da Humanidade; o outro é a esperança do futuro para aquele que começa a se cansar de ficar no sopé da montanha, com restrições de visão e que já olha para o topo com vontade de saber o que há lá em cima.

Eu ainda não estava satisfeito em relação ao nascimento de Jesus e voltei ao tema.

— Você também, David, pensa como Judith a respeito da virgindade de Maria quando engravidou de Jesus? Acredita nessa história de obra do Espírito Santo, como afirmam muitos, para justificar a superioridade messiânica de Jesus?

— Também eu não creio — como bem lembrou Judith — que Deus se preocupasse em criar nova modalidade de se nascer, de fazer uma exceção a fim de dar credibilidade ao fato. Seria admitir que o que servia para uns não servia para o outro. Estaria sendo parcial, estaria renegando o que Ele mesmo idealizou para a perpetuação das espécies. Mas não vamos incorrer no mesmo erro que é ficar discutindo uma coisa tão irrelevante. Não vamos imitar esse costume tão a gosto do meu povo, ou seja, o de ficar horas teimando, discutindo, sobre algo que nada adiciona, nada subtrai.

Sorri. Ele tinha razão. Deveríamos pensar mais nos reais problemas de nossa existência, preocuparmo-nos mais com nossa vida do que com questões dessa natureza.

Tinha me dado por satisfeito, quando Judith falou:

— Até onde sei isso aconteceu porque Maria de Nazaré era menina ainda, quando concebeu Jesus. Era, portanto, uma virgem... até aquele momento. Criaturas fanáticas há que não conseguem abranger a grandiosidade de Jesus sem envolvê-Lo em mistérios, em fatos antinaturais. Lembremo-nos de que Ele próprio disse que não veio derrogar nenhuma lei. Estaria falseando a verdade ao afirmar isso se tivesse derrogado uma Lei para chegar à Terra.

David assentiu e ela continuou:

— Enfim, poucos, até o momento, se preocupam com tais questões, pois não aceitam Jesus como o Messias Salvador e ainda não sabem o que o futuro lhes reserva. Nós, os desencarnados, ainda temos um olhar mais prolongado sobre o amanhã, mas os encarnados, em sua maioria, ainda dormem na ignorância.

Deu um tempo e, pensativa, continuou:

— O fato é que Maria é um Espírito elevadíssimo. É pura. Sua virgindade é espiritual. Os exageros ficam por conta da imaginação de muitos. Em todos os tempos, as religiões nada fazem para esclarecer tais mitos. Estes vão sendo criados por força da imaginação, incompreensão de chefes religiosos. De certa forma, isso alicerça a religião, confere-lhe poderes e a enriquece. O que move o mundo ainda são os interesses materiais.

Concordamos com ela. David continuou:

— No plano espiritual temos mais acesso a informação desse teor. Não faz muito tempo, quando o Rabi Jesus ainda era um menino, tivemos alguns esclarecimentos sobre esse costume, ou seja, o de atribuir um nascimento miraculoso aos grandes avatares da Humanidade. É claro que Jesus não fugiria a isso. Por enquanto a opinião é de ordem local, mas no futuro, com a narrativa dos historiadores, com a paixão do povo judeu, tal nascimento será contado como foi o de Zoroastro, o notável persa, cuja mãe foi fecundada por um raio da glória divina. Também a Krishna, a Lao-Tsé; a Buda e muitos outros foram atribuídos nascimentos fora da normalidade. O que Deus estabeleceu por lei natural é pouco para eles. Estão, ainda, em um estágio espiritual que precisam de fatos milagreiros, de coisas que impressionam os sentidos pelo inusitado, pela incompreensão, pelo formidável.

— Sabemos que as coisas são reveladas em primeira mão aqui na Espiritualidade e depois repassadas ao mundo material. O futuro reserva aos encarnados grandes revelações sobre tudo isso. Espíritos diferenciados, encarregados de promover a evolução, deverão trazer, no tempo adequado, os esclarecimentos necessários. Evoluir é preciso — disse Judith, muito inspirada.

— E a visita do anjo informando que ela fora eleita para receber o Ungido de Deus? — perguntei.

— Maria nem sabia que ia se casar tão breve, quando recebeu a visita do Anjo Gabriel. Na verdade foi a visita de um Espírito de luz pertencente à classe dos arcanjos que lhe comunicou a vinda do Cristo. Nesse caso não houve nada de fantástico, senão a comunicação entre os dois planos de vida. E só foi possível graças à sensibilidade de Maria. Tudo ainda está muito recente, mas o futuro reserva grande especulação a respeito disso e de outras coisas referentes a esse inigualável evento que foi a vinda de um Espírito da Esfera dos amadores, um Espírito puro para ajudar a evolução do planeta. Muita fantasia humana far-se-á, no futuro. Conceitos e preconceitos daqueles que não conseguem, conforme afirmamos, conceber a forma natural dos fatos para aceitar a divindade. A falta de algo miraculoso diminuiria a seus olhos a importância do evento. Nossos estudiosos já profetizavam isso há muito tempo.

Agradeci-lhe a informação. David continuou:

— Quando tudo já estava preparado, Jesus veio ao mundo. Pertence à linhagem do rei David. Alguns dos

Seus parentes consanguíneos, Sua mãe e alguns irmãos ainda moram aqui. Breve, visitaremos a casa deles. Terá o prazer de vê-los. Segundo o que já disse Judith, sua mãe é a hebreia Mírian, ou Maria, de uma família importante. Ela, ainda hoje, conserva a beleza dos tempos da juventude, você mesmo verá. Muito tem sofrido pela perda do primogênito tão amado. É constantemente visitada pelos apóstolos do filho, que não se cansam de interrogá-la e escrever seus depoimentos.

Fiquei emocionado até as lágrimas diante da possibilidade de conhecer a mãe de Jesus, Seus parentes; de poder palmilhar aqueles caminhos pisados por Ele...

— Ela, Maria, tem noção do que o filho representou para a Humanidade? Consegue abranger a significação, para o mundo, de tal nascimento?

— Agora sim. Mas nem sempre assim foi. Vezes houve em que tanto ela como José se perguntavam por que o filho era tão excêntrico, tão voltado às questões transcendentais. Sentiam-se, muitas vezes, embaraçados diante dos rabinos, dos anciãos nas sinagogas pelos conceitos próprios que o filho emitia quando em conversa com eles. As perguntas que fazia deixavam atônitos seus mestres. Também Suas respostas e o entendimento dos textos sagrados discutidos causavam estupefação, pois, vindos de uma criança, chegavam a chocar os eruditos sacerdotes — informou David.

Judith sorriu.

— O esquecimento de Maria foi, portanto, providencial. Como poderia conviver naturalmente com Jesus se soubesse com certeza que Ele era realmente o Salvador? Como não se curvar diante Dele? E Ele? O que pensaria sobre a diferença de tratamento?

Tive de concordar com ela. Falante, continuou:

— Com Maria ocorreu o que ocorre com muitos quando algo espetacular lhes acontece: No primeiro momento juram que o fato se deu daquela maneira, um verdadeiro milagre! Depois, quando o tempo vai esmaecendo a lembrança, já começam a pensar que talvez o entusiasmo os tenha feito ver coisas, que poderia não ter sido bem daquele jeito. Uma ilusão dos sentidos, enfim.

Capítulo XV

Menino Jesus, uma criança sensível

A infância de um Ser Crístico poderá ser aparentemente igual às demais, mas infinitamente diferente na realidade espiritual.

Alguns meninos passaram por nós. Um deles chamou-me a atenção porque falava sobre Jesus. David me fez um sinal e me mandou seguir os garotos.

— Estimule-os a falar de Jesus. Eles poderão narrar coisas bem interessantes. Os acontecimentos do Calvário ainda estão bem vivos na memória de cada um.

Não esperei segunda ordem. Segui-os. O menino, de uns 10 ou 12 anos, dizia:

— Não sou mentiroso! Meu pai foi amigo Dele. Foi muito injusto o que fizeram com Ele!

— Mas esse Jesus... Se era assim tão bom, por que O mataram? — disse outro, com certa petulância.

— Isso não sei dizer. Mas sei que Ele sempre foi muito bom. Não brigava com ninguém. Era amigo de todos. Meu pai chegou a brincar com Ele na infância. E acredita que Ele seja mesmo o nosso Salvador.

— Não sei não. Só sei que ninguém daqui acredita Nele. Até aqueles homens que O seguiam sumiram no mundo.

O garoto não se deu por vencido:

— Meu primo disse que Ele dava todos os brinquedos que recebia de presente. Parecia que não se interessava por eles.

— É isso mesmo! Meu pai contou que uma vez Jesus ganhou um pássaro raro de presente. E sabe o que Ele fez? — comentou outro.

Eu estava encantado. Estimulava os meninos a continuar falando. Mais moleques foram chegando. Estavam curiosos para saber o que o Menino Jesus fizera com o presente. O menino continuou:

— O pássaro era muito valioso. E mesmo assim Jesus abriu a porta da gaiola e o soltou. Disse que não gostava de ver ninguém preso.

— Se fosse comigo teria levado a maior surra de meu pai... — disse outro. Acho bobagem soltar um pássaro tão valioso... Ele poderia, ao menos, vender. Isso não foi nada inteligente.

— Como pode alguém tão bondoso assim ter sido crucificado? Eu vi. Eu estava lá — disse o primeiro.

O amigo fez um gesto e não soube explicar. Um rapazinho adiantou-se:

— Ouvi dizer que tudo foi intriga lá do Templo. Tinham medo de que Ele tomasse o poder e os dispensasse dos serviços... Com isso os sacerdotes e todos de lá perderiam a boa vida que levam. Meu pai reclama dos impostos, da melhor parte das colheitas que todos são obrigados a dar ao Templo.

Ninguém se interessou muito pela conversa do rapazinho e esqueceram a infância de Jesus. Tinham os olhos no horizonte à procura de alguma caravana na estrada poeirenta.

Vendo que a conversa esfriara, cheguei-me ao

menino: "Não quer continuar falando sobre Jesus? O que mais você sabe sobre Ele?"

Imediatamente ele registrou minhas perguntas.

— Olha, Samuel, sabe que meu pai tem algumas peças de barro que Jesus mesmo fez? Sabe que Ele e meu pai brincavam juntos e eram muito amigos?

Infelizmente os outros não estavam nem um pouco interessados nas tais peças de barro nem na amizade do pai dele com Jesus. Saíram correndo atrás de alguns cabritos que tranquilamente atravessavam a rua. O pastor se pôs a gritar, colérico, porque a manada ia se dispersando sob os apupos dos garotos. Uma nuvem de pó cobriu, por instantes, os arruaceiros. O pastor correu atrás deles com uma vara comprida, ameaçando contar tudo a seus pais.

Quando, literalmente, a poeira abaixou, o homem foi contar seus cabritos. Jurava que se algum tivesse fugido para o morro eles haveriam de ir atrás e trazê-lo de volta.

Aborrecido, por me ver frustrado, regressei para perto de David e Judith.

— Pela sua cara de decepção acho que não conseguiu grande coisa.

Riram. Judith disse:

— Você há de convir que para os meninos é bem mais interessante correr atrás de cabritos do que conversar um assunto sério e sem interesse para eles.

Tive de concordar.

— Mas o que se falou sobre Jesus? — perguntou David.

— O garoto de cabelos crespos contava que Jesus e o pai dele foram amigos, que o pai ganhara algumas peças de barro feitas por Jesus. Sabe alguma coisa sobre isso?

— A habilidade de Jesus para tudo é conhecida no plano espiritual. Ele sabia trabalhar muito bem o barro. Conta-se que fazia peças interessantes que logo após eram dadas aos amigos. Desde pequeno Ele nunca se prendeu a nada deste mundo. Enquanto estava confeccionando as peças, se concentrava nelas, se transportava para um mundo só Seu, mas depois as dava a quem pedisse. Talvez, no íntimo, soubesse que breve teria de deixá-las.

Judith, alegando alguma coisa a fazer, deixou-nos e voltou para sua casa. David e eu fomos caminhando entre as ruas de Nazaré. Cada canto me trazia novas emoções. Eu estava ali... Talvez pisasse sobre suas pegadas; talvez ele já tivesse estado sob a sombra daquela mesma árvore na qual agora estávamos descansando.

Depois de algum tempo continuamos a caminhar. Minha decepção foi grande, pois encontramos a casa de Maria, fechada. Ela — bem como os outros filhos e alguns parentes mais próximos — tinha partido em peregrinação ao Templo em Jerusalém e ainda não havia retornado. Pretendia interrogá-la mentalmente e durante seu sono físico. Enquanto estava encarnado, perdi a oportunidade, agora...

Vendo minha tristeza, David disse:

— Nada acontece por acaso. Talvez tenha sido melhor assim, pois que a senhora Maria muito já sofreu e não seria piedoso trazer ao presente o passado doloroso.

— É verdade. Ainda sou bem egoísta. Nem pensei na dor alheia, só no meu desejo.

— Não se culpe tanto, meu amigo!

Depois bateu a mão na testa como a se lembrar de alguma coisa:

— Tenho um amigo desencarnado que foi muito amigo de Jesus. Ele poderá nos ajudar.

Assim paramos diante de uma pequena casa. Ele bateu na porta com os nós dos dedos. Um ancião de barbas brancas e compridas veio nos saudar.

— *Shalom*, David.

— *Shalom*, André.

Beijaram-se na face. Fui apresentado, e com o mesmo carinho Ele me beijou as faces.

— Amigo André, você poderá responder a algumas perguntas para nosso amigo Salvatore?

— Que perguntas? Se não forem indiscretas, terei prazer em responder — e sorriu, gostosamente.

— São sobre Jesus. Sei que vocês se conheceram bem.

André suspirou fundo. Depois me olhou risonho.

— Terei o maior prazer em contar tudo o que sei. Mas, sentem-se, por favor.

Antes que começássemos a conversar, foi até a cozinha e nos trouxe um saboroso refresco. Sorvi-o com prazer e me senti revigorado. Nem bem devolvi o copo à bandeja e já fiz minha primeira pergunta:

— O senhor conheceu Jesus?

— Ora, Salvatore! Senhor... Não precisa tanta formalidade. Chame-me apenas de André. Se conheci Jesus? Tive essa inigualável honra, sim.

Percebi sua emoção. Dei-lhe um tempo e, mal me contendo, fiz outra.

— Como Ele era tratado aqui, em Nazaré?

André sorriu:

— Geralmente os de casa não têm tanto valor quanto os de fora. Jesus sabia disso muito bem. E depois... creio que, tirante o plano espiritual, ou seja, nós, os desencarnados que estávamos a par do grande acontecimento, quase ninguém sabia — ou sabe — quem de fato foi e é Jesus. Era tratado com carinho, porque sempre foi um menino dócil e caridoso.

— Mesmo agora, ninguém, exceto Seus discípulos, se deu conta de que um grande missionário veio e já se foi. Para a maioria foi uma decepção; para o Judaísmo, uma fraude — completou David.

— No futuro saberão. A Humanidade se transformará e conhecerá melhor as Leis Divinas trazidas e vivenciadas por Ele. Lembro-me de que muitas vezes eu O vi olhando a multidão. Não eram de tristezas aqueles olhares... Não... Tampouco de recriminação. Eram de entendimento. Hoje percebo que aquele olhar era de tolerância, de dor pelos nossos equívocos, de lamentos pela nossa ignorância — disse André com um sorriso tristonho.

Estávamos todos emocionados. Lembrei-me de que o mundo detivera a luz por algum tempo, mas vivera em trevas.

— Vejo que você, um romano recém-liberto do peso carnal, soube entender mais do que o meu povo, do que os seus compatriotas — tornou André.

No entanto, só agora, depois de passar pela realidade da vida espiritual dava-me conta disso. Calei-me porque não era bem aquilo; também eu não O compreendera. Ruborizei-me ao lembrar minha condição de espião.

Depois André continuou:

— Eu conheci Jesus desde Seu nascimento, em Belém. O plano espiritual fornecia todo o calendário astral a quem se interessasse. Tenho amigos essênios[7] nas montanhas e eles sabem tudo a respeito desse Salvador. Seria útil ao desenvolvimento daquela singular missão se Ele, pudesse contar com toda ajuda e simpatia possíveis. Os essênios, pelo respeito à vida e a Deus, eram como o alimento espiritual do qual Jesus necessitava. Jesus esteve ausente de Nazaré por um bom tempo e, acredita-se, estava na montanha com eles. Estava se preparando para iniciar Sua nobre missão.

— Mas, sendo Jesus um Espírito de tão alta envergadura, tinha Ele necessidade da ajuda de quem quer que fosse?

— Jesus era, e é, um Espírito que se basta a si mesmo, mas não nos esqueçamos de que o corpo físico impõe limites. Ele precisou materializar-se muito a fim de poder habitar um corpo físico e estava distante do seu ambiente natural e o alimento sutil das boas vibrações para a troca de fluidos era raro. E, também Ele, fora submetido ao esquecimento temporário. Mas tal esquecimento não foi total e sim providencial a fim de que pudesse viver uma vida normal, ou quase normal, até o momento de começar Sua missão.

Fiquei desenxabido. Ele sorriu e bateu em meu ombro:

— O fato é que Jesus nunca prescindiu da ajuda de quem quer que fosse. Quando se sentia enfraquecido

---

[7]Povo respeitador e estudioso das Leis Divinas. Geralmente vivia isolado em grutas nas montanhas. Não tinha bens e tudo era de todos. Há quem afirme que Jesus viveu grande parte de Sua vida entre eles. *Vide Harpas Eternas* (Hilarião de Monte Nebo) (N.A).

pelas energias que despendia nas curas, retirava-se e orava a Deus para se abastecer na Fonte Divina. Certa vez, pediu a um de Seus discípulos que velasse com Ele, pois a hora do testemunho final estava chegando. Censurou-o quando ele não conseguiu e adormeceu.

Mais uma vez lamentei não ter conhecido melhor Jesus enquanto palmilhei com Ele. André continuou:

— Sim, Jesus é grande o suficiente para não carecer de ajuda alheia, todavia, convenhamos que Sua situação não era aqui a de um Espírito completamente livre. Estava aprisionado. O corpo físico, ratifico, impõe limites. Pesa. Sufoca. E quanto mais camadas de matéria condensada tolhendo a espontaneidade do Espírito, mais este se sente oprimido. Assim, toda ajuda foi-lhe sempre bem-vinda.

Havia compreendido. Também o sol tem dificuldades para atravessar a espessa neblina.

Sondando minha reação, André continuou.

— Como dizia, conheci o Rabi logo que Ele nasceu. Não era uma criança comum. Era já sedutor. Não tinha a aparência envelhecida causada pelas rugas existentes em todo recém-nascido. Também Maria, Sua mãe, embora apresentasse as marcas de cansaço que toda parturiente mostra após o parto, estava revestida de um encantamento divino. A Natureza, e aqui não há o exagero dos hebreus, experimentou um momento de ímpar serenidade. E as forças antagônicas do Bem souberam que seu reinado enfraqueceria a partir de então.

— Tudo aconteceu de conformidade com as profecias?

— Quem poderá afirmar? Negar? E até que ponto isso é relevante?

— Realmente...

— O fato é que a mensagem foi trazida por Aquele que foi o maior a viver aqui neste planeta. E isso só foi possível porque Ele não postergou a ninguém aquilo que entendia ser de Sua responsabilidade. O fazer e o mandar fazer são coisas bem diferentes — disse, pausadamente.

André tinha um brilho no olhar. David e eu nos silenciamos. Um nó incomodativo na garganta impedia-me de falar. O acontecimento mais importante do calendário sideral fora cumprido dignamente e, até o momento, pouquíssimos encarnados davam-se conta disso.

— E onde estão aqueles que O seguiam? Seus discípulos? Lembro-me de um pescador robusto que O cercava de cuidados. Muitas vezes vi o Rabi deixar a multidão, depois de alguma pregação, amparado por ele e com semblante esgotado.

— Simão Pedro. Jesus tinha um carinho especial por ele. O que sabemos é que todos os Seus seguidores, chocados com o desfecho inesperado que culminou na crucificação, num primeiro momento, debandaram. Ficaram desnorteados sem o líder. Foram também perseguidos pelos inimigos da luz e saíram de circulação por algum tempo, mas sabe-se que já se reorganizaram e que o próprio Jesus já esteve entre eles em Espírito, mostrando que não há morte, exortando-os a dar continuidade aos Seus ensinamentos. E Simão Pedro foi um dos primeiros a entenderem a missão que os esperava. Hoje, não muito tempo após a crucificação, sabe-se que ele já delineou seu caminho de continuador do trabalho do seu Rabi e sabemos nós, os desencarnados, que a Humanidade futura muito ainda falará Dele e de outros, pois que todos eles vieram para ajudar a transformar o mundo.

As lágrimas que a custo retinha deslizaram pelo meu rosto. *"Jesus, tenha piedade deste ser pequeno que ainda sou!"*

André continuou:

— Esta Nazaré, que você agora está vendo e sentindo de outra forma, é bendita na Galileia, porque viu o menino crescer. Aqui Ele passou a maior parte de Sua infância.

— Era muito diferente das outras crianças de sua idade?

— Às vezes sim, às vezes não. Ele tinha os Seus momentos de liberdade espiritual, nos quais Lhe era dado viver de maneira natural a infância. Todavia, o que mais O diferenciava das outras crianças era Sua sensibilidade e extrema bondade. A pobreza daqueles que O cercavam causava-Lhe dor profunda, a ponto de Lhe arrancar lágrimas. Mas não ficava só alimentando a piedade. Agia. Procurava ajudar a mitigar a fome dos famintos. Todos sentiam Nele uma auréola de santidade.

— Quer dizer que nem Ele sabia tudo o tempo todo?

— Digamos que tinha pressentimentos. Tudo viria no momento apropriado. Não devemos nos esquecer de que a vida na matéria tem seu preço. Encobre-se as lembranças, pelo menos a maioria delas. Porém, há de se considerar que Jesus é uma Potência Divina. Bastava se concentrar, orar a Deus, Seu Pai e nosso Pai, para que as lembranças fluíssem.

Esmaecidas, mas compreensíveis. Então, o menino comum se transformava no anjo espiritual.

Nossa conversa foi interrompida pela algazarra das crianças. Uma chuva repentina pipocava nas paredes e coberturas das casas. Mães corriam a recolher coisas no quintal, a botar crianças pequenas para dentro, a ralhar com os mais velhos que dançavam alegremente oferecendo o rosto sujo aos pingos generosos.

André nos convidou a um passeio até a entrada da cidade. A chuva não nos faria mal algum. Continuaríamos nossa conversa e eu aproveitaria para ver as plantações que cercavam Nazaré a se contorcerem quais ágeis bailarinas dobradas pelo vento.

À nossa frente, um bando de crianças já se adiantava. Pulavam e gritavam. André sorriu e disse que elas eram a esperança do futuro.

Enquanto caminhávamos sob os pingos, David retomou o assunto interrompido:

— Até onde sabemos, a missão de Jesus não Lhe era tão clara o tempo todo, Salvatore. E isso, de alguma forma, O angustiava. Em alguns momentos tinha necessidade de se afastar de todos... Como a se buscar. Nessas horas o Seu eu profundo aflorava, e Ele podia vislumbrar Seus dias futuros. E tornava-se introspectivo.

— Jesus, tal ocorre com esses garotos, não ficava em casa quando chovia. Para desespero de Maria, Ele saía, rosto levantado, mãos para o alto, como a agradecer o presente líquido que vinha do céu — aduziu, André.

David sorriu:

— Enquanto Maria via nessa atitude apenas uma traquinagem de moleque, nós sabíamos que Suas razões eram outras. Ele se fortalecia nesse contato com a Natureza. Energizava-se com a chuva.

Chegamos aos extremos da cidade. A chuva intensa transformava as ruas poeirentas em barro mole e escorregadio. Os moleques não se incomodavam em rolar, e somente os olhos ficavam livres do marrom-escuro que tomava conta de seus corpos e suas roupas.

O vento assobiava em diferentes tons arrancando folhas de árvores e, ziguezagueando entre os galhos, subjugava-os como um descomunal gigante o faz a um pigmeu.

— Aprecie, Salvatore, a dança frenética das árvores — disse David.

O vento continuava sibilando por entre os galhos. Impondo sua vontade. As folhas, depois de lavadas, mostravam sua verdadeira cor. As raízes, quais mães zelosas, se agarravam ao solo não permitindo que aquele vento nervoso as expusesse. Era uma luta de vida ou morte.

Da mesma forma repentina com que começou, o temporal cessou. O ar se tornou mais agradável. Voltamos. Nunca, em outro lugar, pude sentir a vibração da Natureza em um ritmo tão cheio de vida como senti em Nazaré.

Lembrei-me novamente Daquele Jesus. Quantas vezes O vira a pregar! E, na minha presunção, tomava-O por um idealista, um sonhador muito jovem, ainda, para se imiscuir em questões tão intrincadas como aquela. Agora, conhecia onde Ele passara Sua infância e somara conhecimentos da fase infantil de Sua vida.

André me sondava enquanto caminhávamos de volta:

— Infelizmente, a mensagem Dele vai demorar a render seus frutos. Assim é a semente. Fica submersa durante o tempo que for preciso até que, de repente, eclode. Tudo tem sua hora. Tudo está preestabelecido e acontece no tempo certo.

Concordei.

— Daqui para a frente a Humanidade contará o tempo de forma diferente. Será dado a nós um período de adaptação, de aprendizado. Um ciclo termina; outro começa. Nada fica inerte. Evoluir faz parte do nosso destino — disse David.

Capítulo XVI

Jonas, um Espírito destoante

Treva e luz.

Um jovem mais ou menos da minha idade, encarnado, adentrou a sala. Era um dos netos de André. Antipatizei imediatamente com ele sem saber por que. Desnecessário dizer que ele nem sentiu nossa presença.

— Este é Jonas. Um bom rapaz, mas um tanto desligado das razões espirituais — informou André.

Notei que André e David me olhavam de forma estranha. Só mais tarde soube o motivo.

Paramos de conversar e ficamos a observá-lo. Ele procurava alguma coisa em um grande cesto. Revirou tudo de pernas para o ar e, descontente por não achar o que procurava, saiu irritado.

Confuso, percebi que Jonas destoava completamente daquele ambiente e de todos. Era como se viera para ali por engano. O próprio espaço que ele ocupou ao passar por nós ficara maculado. A sensação de paz fora quebrada e podíamos perceber que até o ar se tornara mais denso.

Uma dor fina me invadiu de inopino e tentei localizá-lo em alguma gaveta dos meus arquivos espirituais. Nada. Mas alguma coisa soou dentro de mim. Uma sensação desagradável fez meu coração bater arrítmico. Algo havia acontecido entre nós dois. E não era coisa boa.

André e David continuavam me olhando.

— Jonas me pareceu enfurecido... Terá lhe acontecido alguma coisa? — perguntou David ainda sondando minha atitude.

— Jonas é uma alma rebelde. Está passando por uma situação que bem poderia ter evitado. Desde seu nascimento, vim para cá a fim de protegê-lo. Mas não está sendo fácil... Ele... quando põe uma coisa na cabeça...

— Entendo. Você... é o que chamam de anjo da guarda? É o anjo da guarda dele? — perguntei.

Rimos.

Finalmente, consegui descontrair o ambiente modificado pelos pensamentos revoltosos de Jonas. Naquele momento não soube dizer por que ele me pareceu tão antipático. Só soube tempos depois. Mas não vamos antecipar o desenrolar deste capítulo.

André cofiava sua barba rala. Depois disse:

— Não sou exatamente seu anjo da guarda, até porque não temos a menor afinidade espiritual. Mas Deus está no comando e tudo será feito em conformidade com a vontade Dele.

Não tinha nenhuma afinidade espiritual com o rapaz... Confesso que não entendi. Encontrava dificuldade em entender aquele povo. Os costumes romanos ainda falavam muito alto em mim. O meu pensar objetivo sempre se contrapunha às subjetividades deles e, por mais que me esforçasse, não conseguia me livrar do conceito que a maioria fazia deles: fanáticos e irredutíveis. Pretensiosos e sonhadores.

André continuou:

— É que esta casa também já foi minha, quando

eu estava encarnado, há mais de cinquenta anos. E, apesar de agora eu estar passando uns tempos aqui, não tenho a obrigatoriedade de aqui permanecer como guia espiritual, senão como amigo. Sou o que Jonas diz nos momentos de emancipação da alma: um profeta errante.

— Então... vocês se contatam? Ele consegue ver você?

— Só quando ele se liberta através do sono. Na emancipação da alma, conforme você bem sabe. Aí me chama de profeta errante. No dia seguinte, por mais que eu me esforce, ele nada retém do que lhe disse. É como *"jogar pérolas a porcos"*, como disse uma vez Jesus. Uma pena. Terá mesmo de aprender com a dor.

Como bom anfitrião, André nos proporcionou um momento de descanso. Então voltei a pensar em Jonas. Por que eu senti um baque no coração ao vê-lo? Por que sua presença me despertou um sentimento azedo? Desagradável? Busquei-o novamente em meu passado. Mas o passado ainda não havia aberto definitivamente suas portas e zombava de mim, apresentando-me pouco a pouco a mim mesmo. Então mergulhei na piscina quase vazia do meu cérebro e lá andei errante em busca de lembranças fugidias. Para trazê-las ao consciente estava eu ali, foi o que soube bem depois.

Capítulo XVII

Por que Jonas me foi antipático

Em alma pequena não há espaço para o amor.

Era noite em Nazaré. O céu, com suas luzes piscantes, parecia uma imensa colcha viva a nos envolver cá embaixo. Depois de algum tempo, lutando com a memória sem conseguir localizar Jonas nos seus departamentos ensombrados, saí um pouco. Queria apreciar, sozinho, a noite estrelada na cidade daquele Rabi crucificado que diziam ser o Filho de Deus na Terra. Começava a amá-Lo, para meu espanto. Influência por estar em sua terra? Talvez.

Andava sem rumo, quando vi duas pessoas conversando. Fui atraído como que magneticamente para elas. Surpreso, reconheci Jonas, que conversava com um rapazinho. Sua voz era desagradável e rude:

— Mas você conversou com ela?

— Conversei.

— E ela? Como está ela?

— Está doente...

— Sim, eu sei. Mas não disse nada sobre mim?

— Disse.

— O quê?

— Disse para você deixá-la em paz, que quer chorar seu Salvatore por toda a vida.

Foi como se um raio tivesse me atingido. Meu coração disparou e meu peito mal podia contê-lo. Então... falavam de mim?! E de minha Rebeca? Mas o que teria Jonas a ver comigo? Com Rebeca? Impus-me a necessidade de não me deixar abalar. Controlei por meio do pensamento os batimentos cardíacos. Tomei posse de mim e me conduzi de modo a esclarecer aqueles fatos. Se o passado pirracento não me atendia, buscaria a explicação no presente, talvez mais condescendente.

Aproximei-me mais e senti as vibrações de ódio que extrapolavam de Jonas. Também em mim afloravam sentimentos duros. Ao ouvir meu nome, ele se enfureceu ainda mais.

— Desgraçado Salvatore! Mesmo depois de morto interfere em minha vida! Como posso matá-lo uma vez mais?

E virando-se rapidamente para onde eu estava, como se de alguma forma me tivesse identificado a presença espiritual, levantou os punhos e esbravejou:

— Que os demônios do inferno, todos eles, carreguem seu Espírito! E se não posso contar com Deus para me ajudar, convocarei as forças do mal para ter Rebeca. Ou recorrerei aos deuses romanos. De uma forma ou de outra ela será minha!

Fiquei em estado de choque. O rapaz olhou-o, atemorizado:

— Jonas, não brinque assim com Deus. Só Ele, nosso Deus, é o verdadeiro. Só Ele pode nos dar o que queremos... Lembre-se dos ensinamentos de Moisés sobre adorar deuses estrangeiros... Lembre-se dos pergaminhos sagrados... da Torá...

Jonas não mudou sua atitude. Talvez nem tenha ouvido as argumentações do rapaz. Uma escuma esbranquiçada se formara nos cantos da boca lembrando um cão raivoso.

— Cale sua boca, Efraim. Já perdi muito tempo mandando recado. Agora chega! Eu mesmo vou falar com ela, afinal ela é minha prometida. À mulher, compete obedecer. Faço-lhe um favor! Depois de ela haver se contaminado com a presença de um romano politeísta... deixado se tocar por ele... só eu posso reconduzi-la à dignidade de uma judia santificada. Levá-la-ei ao Templo e solicitarei uma cerimônia de purificação.

Agora eu sabia. Devia a Jonas toda a minha infelicidade. Ele fora o autor principal da minha morte na cruz. Ele, Ariston, o grego, e Nicathor, o irmão de Rebeca. Jonas era o tal judeu que deveria desposar minha amada.

Então, o desequilíbrio do desespero e do ódio eclipsou todo sentimento bom que começava a nascer em meu coração. Cheguei a tremer de fúria. Pulei sobre Jonas. Soquei-o. Descarreguei nele todo o meu repertório de maldições. Desci. Conspurquei-me. Tornei-me ao que era antes de conhecer Jesus: descrente e infeliz. Tudo o que queria era vingança. As lições do Crucificado sobre o perdão? Que tinha eu a ver com elas? Mas, com ressentimento, logo percebi que eu não oferecia outro perigo a Jonas que não uma indisposição passageira. Ele possuía um corpo denso que o protegia e eu não pude machucá-lo o quanto queria, pois meu corpo era perispiritual, pertencia a outra dimensão da vida. Como um animal, urrei diante de minha impotência.

Meus socos passavam através dele e não o feriam.

Efraim, portador de alguma coisa mais, pôde me identificar de algum modo, porque arregalou os olhos:

— Jonas! O que se passa contigo? Por Deus, vejo-te a pelejar com uma fúria... Não sentes?

Naquele momento, vendo a inutilidade de meus socos e pontapés, lembrei-me de que estava desencarnado e comecei a usar a força do pensamento e da vontade. Projetei meu pensamento sobre ele. Jonas pôs-se a cambalear. Seus olhos se injetaram de sangue e seus membros se intumesceram. Qual árvore arrancada por um vendaval, ele foi ao chão. Vomitou um líquido esverdeado e nojento. Parecia que ia morrer. Eu não lhe dava tréguas. Pensamento e vontade concentrados na vingança... Mas ai de mim... Não demorou muito e comecei a sentir o reflexo do meu desatino. Jonas começou a reagir e as emissões mentais, como um bumerangue, voltavam a mim e também me feriam de morte. Cambaleei. Foi então que pensei em Jesus. Coincidência ou não, André e David apareceram.

— Salvatore... como te entregas à animalidade, meu irmão! — disse constrangido meu amigo David.

— Este miserável aí..., André, seu neto... desculpe-me... você sabia o tempo todo, não?

— Sabia sim, meu filho. Sua vinda para Nazaré não foi apenas para conhecer o lugar da infância de nosso Rabi Jesus.

Jonas continuava emborcado sobre o barro. André se aproximou e lhe aplicou passes magnéticos. Alguns segundos e ele se libertava de mim... E eu me prendia novamente a ele... Tornei a voltar ao Averno e lá pude conhecer as particularidades do meu drama secular.

Capítulo XVIII

Jonas e Rebeca

"Quantas vezes devo perdoar o meu inimigo?"
(Evangelho de Jesus – Mateus, 18:21)

Naquela noite não consegui o repouso do Espírito. Estava envergonhadíssimo por ter tratado o neto de André da forma como o fiz. Justamente ele, que me recebera tão bem em sua casa. Mas André não deu mostras de ressentimentos, ao contrário, desculpou-se pelo neto e reafirmou que eu era bem-vindo em sua casa.

Saber que Jonas fora o meu rival, que era ele o prometido de Rebeca, me enlouquecia. Ao pensar que talvez ele se tornasse o seu marido, agora que eu havia morrido, enchia meu coração de fel.

A infância de Jesus, que deveria ser prioridade, caiu para um segundo plano. Desinteressei-me de tudo para concentrar-me só em Jonas. Muito bem. Ele fora uma das causas de minha morte, agora eu seria a causa da dele. Não haveria de descansar enquanto não o matasse.

A esse pensamento, tremi. Teria eu coragem para isso? Resolvi que deveria ter. Afinal, eu não cederia a minha Rebeca para ninguém.

Um cansaço, até então não sentido, começou a se apoderar de mim. Olhei-me e fiquei chocado. Meu corpo perispiritual apresentava cores escurecidas, avermelhadas como sangue, e formas de raio me circulavam. Animalizara-me. Dava-me conta de que vestira um traje sujo e pesado que me sufocava. Como voltar à convivência de David e sua família com o Espírito escurecido e maculado?

Mas era necessário permanecer ali. Aquela era uma boa oportunidade de me ver novamente com meu rival. De dar-lhe o que ele merecia. Mas... lembrei novamente: e o perdão que tantas vezes ouvi dos lábios de Jesus? Resolvi que daria todos os perdões que o mundo me exigisse dali para a frente, menos aquele. Não! Não poderia perdoar Jonas, aquele que me tirara as ilusões, o sonho da juventude e a vida. E que agora queria a minha Rebeca.

Judith percebeu, com algum espanto, a transformação que eu sofrera em decorrência das últimas emoções. Mas nada me disse.

À noite não tive coragem de orar. Como orar a Deus com ódio no coração? Premeditando um ato violento? E até onde poderia ocultar de André, David e Judith minha atual resolução? E eu não me rebaixaria à mesma inferioridade de Jonas, se o matasse?

Quando o mal faz morada em nossos corações, a mente torna-se obtusa. Deitei-me, mas não tinha a intenção de dormir. Quando a casa estava em silêncio, levantei-me e me dirigi à residência de Jonas. Fiquei atento, esperando a hora em que ele se desligasse do corpo. Aí então...

Por volta das 11h30, Jonas-Espírito foi abandonando o corpo material na cama e se safando do quarto. Esperei que ele saísse da casa. Sorrateiramente o segui. Quando achei oportuno o abordei.

— Você, seu desgraçado? O que faz aqui? Por que ainda não foi pro inferno, onde é seu lugar? —ele disse rilhando os dentes.

— Enfim, Jonas... você vai ter o que merece.

— Vai bater em mim? Venha. Pensa que tenho medo?

Nessa hora adquiri todo o meu sangue frio. Havia me preparado e treinado aquele ataque. Encarei-o. Ofendi-o com as piores palavras. Ele revidou com todo o seu ódio. Então nos engalfinhamos como dois bêbados inconsequentes, dois moleques malcriados e tolos. Por fim ele rodopiou e foi ao chão. Mesmo assim não parei. Minha mente fervilhava e eu era um rolo compressor passando sobre um insignificante verme.

Ele gritou. Espíritos que vagabundeavam por ali paravam e tomavam partido. Faziam apostas. A algazarra era geral. Até que apareceu David, livrou Jonas e me levou dali.

— Ah, meu amigo... a que ponto você desceu! Vamos, expulse essa animalidade que o envolve. Olhe para você... Em poucos minutos de violência tornou-se escuro e pegajoso. Mal posso crer que seja a mesma pessoa!

Depois do meu acesso de insanidade, fiquei envergonhado. O anjo da guarda de Jonas o reconduziu ao corpo físico. Jonas-Espírito estava completamente hebetado pelas descargas magnéticas de fluidos raivosos e venenosos. Ainda assim, não me compadeci dele e nem me arrependi. Faria novamente. A fúria estava longe de ceder.

— Bem, meu amigo, vejo que você não o perdoará. O motivo de termos trazido você até aqui onde Jesus passou Sua infância, além do desejo de sensibilizá-lo, foi lhe proporcionar esse encontro com Jonas. Agora você já sabe que foi ele quem tramou sua morte para ficar com Rebeca. Contávamos com uma atitude mais cristã de sua parte. Acreditávamos que as constantes conversas sobre Jesus o tornassem mais propenso ao perdão. Enganamo-nos. Porém, não estamos autorizados a intervir no seu livre-arbítrio.

— Desculpe-me, amigo. Sei que o decepcionei.

— E também a Jesus que você dizia há pouco começar a amar...

Foi como um louco que deixei Nazaré. Não mais me sentia humano. Havia traído os que me deram um teto, o alimento para o Espírito combalido, carinho e amor...

Mas não poderia perdoar Jonas. Dentro de mim ele se enroscava como uma víbora e, por mais que eu a enxotasse, ela mais a mim se aderia. Creio que vaguei alguns anos sem muita consciência. Até que um dia encontrei o Cansado. Ele havia desencarnado há pouco. Fora uma das vítimas do imperador na sua sanha contra os cristãos que, àquela época, aumentavam consideravelmente e ameaçavam a estabilidade do Império e suas tradições. Morrera ao lado do pai, devorado por feras na arena sangrenta.

— Venha comigo, amigo. Tenho a incumbência de levá-lo comigo. Você não é mau. Você está mau. Mas isso vai passar assim que você perdoar Jonas.

Jonas! A esse nome tudo voltou. A víbora peçonhenta envolveu-me. Desafiou-me. E me disse que, finalmente, Jonas desposaria a minha Rebeca.

Nada mais ouvi do que Cansado disse. Saí correndo. Precisava impedir aquela união, fazer alguma coisa custasse o que custasse.

Mais um tempo de dores se passou. Quando tomei consciência de mim estava em Roma, às portas de um circo. Grande animação. O povo urrando mais dos que as feras famintas.

Entrei e fiquei olhando a procissão de cristãos que seriam alimentos de feras para a alegria de César e daquela gentalha. Na segunda fila encontrei Jonas: Sujo. Desgrenhado. Barbudo. Gesticulando e bradando inocência. Senti-me, finalmente, vingado.

Só eu sabia que ele falava a verdade, que era inocente do crime que lhe imputavam. Eu havia armado uma cilada para ele. Convenci, por meio de dominação mental, um centurião meu amigo. Disse a este que Jonas havia se tornado cristão e tencionava envenenar a água do palácio.

Vibrei quando vi seu corpo estilhaçado pela bocarra de um leão africano. Mas ai de mim... durou pouco minha alegria. Logo em seguida, pálida, rota e desgrenhada, olhos súplices e chorosos, Rebeca foi brutalmente empurrada para a arena vermelha de sangue.

— Rebeca!? Nããããooo! — gritei, atraindo a atenção de alguns desencarnados.

Ensandecido, corri para ela, mas fui detido por um Espírito desencarnado que estava ali, com muitos outros, para receber os mártires assim que desencarnassem.

Rebeca implorava por sua liberdade, jurava a inocência dela e de Jonas. Experimentei o gosto amargo da derrota. Queria abraçá-la... morrer novamente com ela, se isso fosse possível. Amaldiçoei-me. Ela era o anjo, e eu, o demônio. Ela era a luz, e eu, a treva.

Duas linhas paralelas era o que nos tornamos naquele momento.

Nem sei quanto tempo estive enlouquecido de dor e mágoa. Soube que ela, na sua natural bondade, fora até ali para depor a favor de Jonas, para afirmar serem falsas tais acusações, mas fora também presa e morta da maneira mais cruel que jamais vi. E eu fora o causador!

Tive esperança de agora encontrá-la, pois ela, como eu, também estava no Mundo dos Espíritos. Bem depressa compreendi que estávamos mais separados do que nunca, pelo plano vibracional. Ela respirava no Céu, e eu... no inferno. No inferno em que se transformou minha vida dali para a frente.

Quanto tempo hei padecido nas trevas de minha ignorância? Não sei dizer.

Primeiro... uma sensação de conforto, depois um clarão de aurora... e eis que vejo dois olhos serenos sobre mim: Jesus. Então, supliquei perdão. Eu, que não soubera perdoar, requisitava-o para mim.

Aqueles olhos continuaram sobre mim. Serenos. Pedi novamente perdão e então ouvi:

— E você? Já perdoou?

Nada mais.

Desapareceu aquele olhar. Curvei-me sobre mim mesmo e chorei o mais dolorido dos choros. Tirei a fórceps o mal que grudava em mim e me fazia cativo. Lembrei o tempo que caminhara com Ele. Lembrei-me do Jonas. Então consegui vê-lo como a um necessitado qual eu mesmo. O olhar de Jesus saneara-me o Espírito. E perdoei de fato meu desafeto, pois só assim conseguiria meu próprio perdão. Rebeca... Onde estaria?

Tomei novamente a minha cruz e fui subindo os árduos degraus que encurtariam a distância entre mim e ela. Sabia que, quando chegasse ao topo, ela estaria de braços abertos me esperando.

Destino.

Decisão nossa.

Livre-arbítrio.

Não sei quantas existências levei carregando a cruz. Nem quantas lágrimas terei derramado na árdua ascensão.

O sol se despedia do dia e cedia seu lugar à lua. O inferno de revoltas que eu construíra para mim também ruía e cedia seu lugar ao paraíso da esperança.

Vejo minha cruz diluir-se em meio à luz. A luz do *"Cordeiro de Deus que tira os pecados do mundo"*. Corro ao Seu encontro. Ele traz Rebeca e eu a envolvo em meus braços.

Então, toda amargura sentida naqueles tempos de separação desapareceu como a noite desaparece com a presença da manhã.

Bibliografia

ARMOND, Edgard, *O Redentor.*
Editora Aliança, 3ª ed., 2009
NEBO, Hilarião de Monte, *Harpas Eternas.*
Editora Pensamento, 10ª ed., 2008
LUIZ André, *Nosso Lar.*
Editora FEB, 49ª ed.,
KARDEC, Allan, *O Livro dos Espíritos.*
Editora FEESP, 1999
ASCH, Sholen, *O Nazareno.*
Editora Nacional, 1959
RAMATIS, *O Sublime Peregrino.*
Editora do Conhecimento, 13ª ed., 2001
KARDEC, Allan. *O Evangelho Segundo o Espiritismo,*
Editora FEB, 352ª ed.
LUIZ, André, *Evolução em Dois Mundos.*
Editora FEB, 8ª ed.
A Bíblia Sagrada – Antigo e Novo Testamento,
Editora Paulinas, 7ª ed., 1993

Enriqueça
seus conhecimentos

Tininha, A Gotinha D'Água em defesa do Meio Ambiente

Tininha é uma gota d'agua transparente e redondinha, cujo maior sonho era conhecer o mar. Além dela, outros personagens vêm despertar nas crianças a necessidade de se preservar o meio ambiente, eliminado os perigos da poluição.

O Lado Obscuro da Alma

O Lado Obscuro da Alma vem mostrar que os incidentes cruciais do passado – desta ou de outras existências – influenciam os nossos dias atuais.

www.mundomaior.com.br

Com Obras
da Mundo Maior

A Quarta Cruz

Levado a fazer um balanço de suas escolhas no Mundo Espiritual, Salvatore narra às lembranças de uma de suas existências como romano, tendo o privilégio de caminhar ao lado do Mestre Jesus que é o maior expoente do Amor Fraterno na Terra, mas sem se dar conta de tão extraordinário encontro.

Odisseia de uma Alma

Odisseia de uma Alma traz à tona entre seus temas, o crime hediondo da pedofilia e o sofrimento das vítimas desse abuso, aborda também as consequências de cada ação e escolha.

(11) 4964-4700

OBRAS BÁSICAS

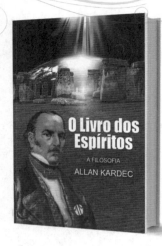

O Livro dos Espíritos
A Filosofia

Lançada em 18 de abril, de 1857, foi a primeira obra básica do espiritismo de uma série de cinco livros. Um livro escrito para todos os homens e para todas as épocas, que aborda questões profundas da existência.

O Livro dos Médiuns
O Fenômeno

A segunda obra publicada, em 1861. Trata sobre a parte experimental da Doutrina. Obra destinada a esclarecer os médiuns sobre as práticas mediúnicas ou interessados em estudá-las.

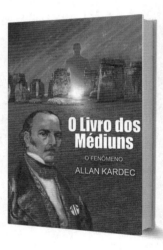

O Evangelho Segundo o Espiritismo
A Moral

O terceiro livro da codificação lançado em 1864. Um manual de vida no qual o leitor encontrará profundos apontamentos sobre os ensinamentos morais do Cristo e sua aplicação às diversas situações da vida.

www.mundomaior.com.br

ALLAN KARDEC

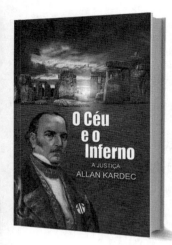

O Céu e o Inferno
A Justiça

Publicada em 1865, esta é a quinta e penúltima das cinco obras da coleção de Kardec. Traz uma visão reflexiva e ao mesmo tempo racional a respeito da Justiça Divina à luz do Conhecimento Espírita.

A Gênese
A Ciência

O Espiritismo e a Ciência completam-se um ao outro. A Ciência, sem o Espiritismo é impotente para explicar certos fenômenos apenas pelas leis da matéria; o Espiritismo, sem a Ciência, ficaria sem suporte e comprovação. Se o Espiritismo tivesse vindo antes das descobertas científicas, teria tido sua obra abortada, como tudo o que vem antes de seu tempo.

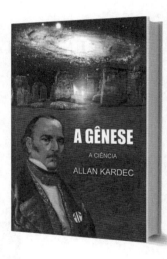

Obras Póstumas
O Legado

Uma compilação de escritos do Codificador da Doutrina Espírita, Allan Kardec, lançada póstumamente em Paris, em janeiro de 1890, pelos dirigentes da Sociedade Parisiense de Estudos Espíritas.

Contato (11) 4964-4700

Acesse nosso *site* e redes sociais.

www.mundomaior.com.br

DESPERTANDO CONHECIMENTO

Curta no Facebook
Mundo Maior

Siga-nos
@edmundomaior

Acesse nosso Blog:
www.editoramundomaior.wordpress.com